翻轉學

翻轉學

倒れない計画術:まずは挫折・失敗・サボりを計画せよ!

成功最關鍵的事 管控不如預期

日本心理戰略師教你計畫要成功，先把挫折、失敗、偷懶排進行事曆

心理戰略師
DaiGo—著 黃文玲—譯

目錄

第4章 讓計畫失敗的四陷阱

第5章 執行計畫時，常見的Q&A

目錄

好評推薦

「凡事豫則立，不豫則廢。本書告訴我們做計畫的重要性，為什麼做、做什麼，以及如何做，是一本非常實用的成功指南！」

——孫易新博士，孫易新心智圖法培訓機構創辦人

「身兼企業顧問、職業講師與專欄作家等多重身分，我最常做的工作是規劃與執行計畫，而討厭的事情則是浪費時間。

為了管控各種不如預期的突發狀況，我投入心力學習自我管理的技巧，也喜歡運用數位工具與服務來提升效率——這是因為我知道，美好的未來正在前方等著我！

我很喜歡閱讀日本心理戰略師 DaiGo 所撰寫的書籍，也很認同他的觀點：人生

苦短，不要浪費無謂的時間在沒有意義的事情上。

快慢有致的成功人生，才值得追求。這也是我看完本書所得到的啟發，很樂意與你分享。」

——鄭緯筌，「內容駭客」網站創辦人

推薦序
讓計畫達標，必須學習安排再安排

——楊斯棓醫師，方寸管顧首席顧問

作者 DaiGo 是一位三十五歲的多產作家，畢業自日本思想家福澤諭吉創辦的慶應義塾大學，主修的科系「物理情報工學科」對台灣人來說比較陌生。（慶應義塾大學的理工學部至少有：物理學科、情報工學科、物理情報工學科等科系。）

DaiGo 著作等身，紅遍日、台。繁體中文版的著作中，他針對「怎麼想」、「怎麼講」、「怎麼寫」分別寫下了：《別讓人知道你怎麼想》、《一眼看穿怎麼溝通》、《寫入人心》，而「如何專注」、「如何用錢」、「如何幸福」他也有三本解方：《專注力，就是你的超能力》、《花掉的錢都會自己流回來》、《一分鐘改變人生的幸福處方箋》。

本書則可視為一本深究「如何安排（任務、時間）」的實用書籍。你可能嗤之以鼻認為安排一事何難之有，那我反問你，過去五十二週的週末生活，你安排得如何？有多少比例是深度旅遊、高品質聚餐或參與深有所獲的實用課程？如果這個比例高過一半，那真是失敬。如果不到一半，我想你會同意「安排」這堂課，確實得重新學習。

你可能聽過一句從中國紅到台灣的金句：「學習、學習再學習」，如果想測驗身邊友人是否真懂這句話，遞一張白紙，請他們翻譯成英文，你就知道他們是真懂還是誤解。誤解的人會翻譯成：「learn, learn and learn」，真懂的人會翻譯成：「learn how to learn, and restart to learn」

這本書可以看待成一本：「學習安排再安排」的書。

戴勝益時代的王品集團曾勉勵員工一生要遊歷一百個國家、爬完台灣百岳，每年還要吃一百家餐廳，時間稀缺（想感受時間有多寶貴，一定要看電影《鐘點戰》），大家都明白要有足夠的時間、妥善的安排才有機會完成所有夢想，但我們往往坐視時間流逝而因循苟且，若然，夢想愈來愈像夢，想都不敢想。

作者替自己安排任務時，擅長把人性這個要素考慮進去，人都有惰性，面對惰性，我們不能放任也不能輕易妥協，最佳解或許是行事曆上只排八成滿的任務，兩成時間放空專屬，這樣反而更能達標。

作者鼓勵大家用 Google 行事曆，我使用它也超過十年，每天起床後必先瀏覽，因為當天最重要的任務，早在一個月甚至一年前就註記好了。作者建議完成一個任務要「以自己的標準評估必要的時間」，這讓我想到兩件事，一個是近來有些書在每個篇章前寫下閱讀該篇章將花你多少時間，譬如說六分三十秒，一個是「時間顆粒度」，語出中國知名商業顧問劉潤。

時間顆粒度可以理解成：多長時間對你來說是一個基本單位（basic unit）。中國地產大亨王健林是十五分鐘，微軟創辦人比爾．蓋茲是五分鐘。

劉潤曾在談時間顆粒度的文章給人三個建議：理解別人的時間顆粒度、提升自己的時間顆粒度、善用日歷管理時間顆粒度。劉潤的提醒：「利用工具，管理越來越細的時間顆粒度。」加上DaiGo擅長的順應人性、克服人性的種種建議，我們絕對有能力把時間這頭脫韁野馬變成六牙白象。

前言
管好不如預期，計畫不失敗

自己擬定的計畫不如預期進行，一旦失敗，自己肯定會受到極大的打擊。或許表面上會一臉雲淡風輕，毫不在意地說：「這是常有的事，沒什麼大不了。」但事實上對自己決定的事沒能完成，肯定會非常氣餒，甚至厭惡自己。

之所以有這樣的反應，自然是因為我們心裡存著「想要達成計畫」的「慣性原理」。計畫失敗就等同毀了與自己的約定，心情自然會低落。而且越是謹慎擬訂計畫的人，當計畫宣告失敗，失落的心情愈強烈。

為了避免計畫失敗帶來的打擊，「安排能力」不可少。

本書的目的是要你從計畫的事前準備、步驟安排、行事曆規劃上，培養出防止計畫失敗的步驟安排能力。容我先告訴你結論，愈能巧妙安排步驟，人生就會過得愈輕鬆。

為什麼會有這樣的效果？**一旦學會以科學的方式正確安排，你就能很快地把精神集中在該做的事。**

舉例來說，我房間裡經常放三個包。

第一個是小防水包，放了前往南島旅行時的必需品。

第二個是小背包，放了護照和替換衣物等日常用品。

第三個是知名品牌「Gregory」的後背包，裡面沒放東西。

以前出國旅行時，總會陳列許多必要的東西或看似帶了比較方便的物品。個性謹慎帶點神經質的我，就連旅行的事前準備，我都得仔細擬定計畫才行。

準備一分鐘，就搞定三百六十分鐘的旅行

直到出發前一天，我根據自己擬定的計畫，在房間找尋清單上的物品，放入行李箱裡，好不容易完成打包工作。

「那個夠不夠用、這個需不需要？」滿腦子都是這些問題，光打包就花了五、六個小時。老實說，我曾有一段時間以行前準備太辛苦為由，表現出對旅遊毫無興趣，自欺欺人地說：「不用親自跑到國外去，看書就可以了。」

如今，我採取在房間準備三個旅行包的「步驟安排」，無論要去哪，行前準備只要一分鐘。

我在可以帶上飛機的四十四公分後背包裡，放入防水性佳的包包和過夜用的後背包，行前準備就算結束。擬定出遊物品清單，或在房裡尋找必要物品，又或者是出門購買需要的物品，這些事都不會發生。

原本應該花三百六十分鐘的旅行準備，縮短到一分鐘完成。這項計畫之所以能

成功，就在於我追求「步驟安排」所得到的成果。

「安排」在字典上的解釋為：「事情進行的順序。為了讓事情順利進行，事先安排好順序。」

如果用在我的出遊準備上，準備三個旅行包是現階段最好的安排。當然，一邊想著「很麻煩……」的同時，卻每次都花很多時間打包行李，急急忙忙拉著行李箱出門，這當然也是一種選擇。

不過，仔細回頭想想，你的行李箱裡可能會找出幾樣出遊時，完全沒派上用場的東西。另外，抵達目的地的機場時，等候行李也是浪費時間。

將沒必要的物品帶出國所浪費的工夫、在行李轉盤上死命尋找行李箱所浪費的時間，我實在沒辦法對這些「浪費」視而不見。

為什麼我會有這樣的反應？**因為我認為在有限的人生裡，時間應該用在對自己有意義的事。**

請試著將時間想像成距離。現在，你被「很麻煩」的感覺襲擊，忽略了小小的浪費仍照往例繼續行動，這時你已偏離自己想要的人生一公分。

隨著時間經過，就算你已抵達一百公里遠的目的地，那時這個「很麻煩」的想法，會對你的人生造成多大影響？

價值來自相對應的準備與計畫

我加強了「安排」和「計畫」的相關知識，學會正確的事前準備法，這對怕麻煩的人無疑是最強的武器。

但很多人一聽到步驟安排，腦海裡立刻會浮現「花功夫」、「很麻煩」、「太過一板一眼、感到拘束」等負面想法。

類似這樣的誤解，有極大原因在於事前準備的重要性，他人很難評價。

舉例而言，你每天用Ａｐｐ，但是否想過其開發過程？

又或者，你來到一間舒適的咖啡館，是否曾邊喝咖啡邊思考生產這杯咖啡的人所花費的準備工夫。

人的心理只會對眼前完成的事找出價值。就算App或咖啡對你有幫助，但大多數的人不會在意這些事物是經過什麼過程才出現你眼前。

主管會評價你的工作成果，卻不會計較你工作流程的安排是好、是壞。很多人對自己計畫失敗的經驗置之不理，深信自己能照第三者擬定的計畫執行。因此，完全不關心達成目的的中間過程。

但**某項價值的產生過程，一定會有相對應的準備和每天應該要改善的步驟安排**。

在我改善出遊準備的過程中，前後共買了約二十個後背包。

因為我在購買後背包時，總是不斷追求能滿足我選購條件的商品。而選購條件不外乎是能帶上飛機的尺寸、重量不到一公斤、包包裡有許多方便收納的夾層等。

最後我買到「Gregory」四十四公分大小的後背包。

聽到這故事的人，幾乎都一臉「為什麼？」、「太誇張了吧！」的表情。如果你是咖啡館老闆，當你要決定咖啡館的招牌咖啡時，要你喝上二十杯咖啡應該完全不是問題。

為什麼我會這麼說呢？通常只要是重要的抉擇，做出一次決定後，第二次就算不準備也沒問題。至少對我而言，未來三年應該找不到比現在使用的後背包更令我滿意的商品了。

改善計畫達標率，先問「這是應該做的事嗎？」

為了大幅改善安排的成效，其花費的時間或金錢，不是浪費，也不過分。因為在那之後，你可以花最少的時間和勞力，就取得相同結果。這比起學習如何節省瑣碎時間或有效率地工作成果更為有效。**重新思考自己認為理所當然的「安排」，減少一定要做的事項，如此就能獲取最珍貴的資產：「時間」。**

豐田汽車貫徹的「改善」管理學，也讓這個字成了英文字彙，唸成 Kaizen，並在全世界的生產第一線被廣泛運用，這樣的結果也可以說是步驟安排經過持續整頓後，產生了極大效果。

另一方面，有些人習慣將工作計畫和私人行程都寫在行事曆上，而且將中間空檔填滿，藉此獲得充實感。將自己的行程安排到很久以後，唯有這樣做才會安心。

其實這麼做是個大錯誤。

老實說，我也曾有一段時間滿足於綿密的行程安排，在行事曆寫下密密麻麻的預定行程。但如今，我覺得當時的自己非常愚蠢。

真正的「安排」，要由重新問自己「這件事真的應該做嗎？」開始做起。

「為了打包行李擬定清單，真的必要嗎？」

「目前生產線上的工程是必要的嗎？」

「塞滿行事曆的行程，每一項都是自己該做的嗎？」

豎起疑問的旗幟，並逐一檢視。不要吝於為此花工夫和時間。如此一來，你就會發現很多事不做也沒關係。

經過徹底檢驗，同樣的事再度發生時，不用準備也可以解決，計畫失敗自然就不會發生，要做的事減少了，人生自然變得輕鬆。

學會新習慣，人生因此動起來

不管學會多麼有效率的技巧，本來就不需要做的事，就算學得再好、再棒，你的人生也不會因此變得充實。

習慣工作、習慣作業SOP，無論事情做得再完美，如果獲得的薪水或充實感卻沒有重大改變，你覺得還有必要做下去嗎？

其實，現代管理學之父彼得．杜拉克（Peter Ferdinand Drucker）和股神華倫．巴菲特（Warren Edward Buffett）都曾這麼說過。

「如果放棄也沒有任何改變，結論就是立刻放棄。」（杜拉克）

「不必要的事做得再好，也沒有意義。」（巴菲特）

學習具科學且正確的安排，就等同將引導你走上正確方向的指南針，握在自己手上。

自己該做的事是什麼？

什麼事會與自身的幸福有關？

對任何微小的理所當然畫上問號，追求正確性，改變行動、學會新習慣，人生會因此動起來。

安排的厲害之處在於，儘管你認為已經完成了，但還是可以再修改。以更好的狀態為目標持續改善，這樣作業是愉快的，同時還能獲得更大的自由。

「千里之行始於足下」

困難的事，請趁還算容易時開始做。
偉大的事，請趁還微不足道時開始做。
世界上困難的問題，一定都曾容易過。
偉大的事，一定都曾經微不足道過。
千里遠的路程，是從邁出的第一步開始。

——老子

在我寫完這本書的瞬間，就算有人跟我說：「DaiGo，一個小時後往南方島嶼出發。」我也能很從容地離開家。

由衷希望這本書能成為你改變人生的契機。

Sunday Monday Tuesday Wednesday Thursday Friday Saturday

第1章
對計畫的三個誤解

01 為什麼總是計畫趕不上變化？

你是一位很會擬定計畫，擅長安排的人嗎？

就在我開始提筆寫下此書時，剛好有幾個人不約而同地對我說：「平日很難將所有行程安排就緒，對此非常煩惱。」這也為他們的工作和私生活帶來許多困擾。

「每次總趕在期限或截止日前才完成工作。」

「每年一月或四月時，都會對自己說：『就是今年！』結果，卻無法擁有足夠的時間來充實專業知識或個人興趣，轉眼一年又到了秋天。」

「每天總是非常忙碌，光是家事和小孩學校的事就忙得不可開交，無暇顧及其他事情，經常總是慌慌張張。」

「每項工作總是無法掌握『到此就算完成！』的放手時機。」
「主管過於要求效率化，反倒讓自己抱持無所謂的心態。」
「放假日塞滿太多預定事項，結果讓自己筋疲力盡。」

拿起這本書翻閱的你，肯定一邊閱讀內容，同時對書中的描述產生共鳴，點頭贊同自己也有相同煩惱。

「為什麼自己老是趕在最後一刻？」、「自己擬定的目標為何無法達成？」、「突然意識到自己擬定的計畫失敗，這是為什麼？」回顧自己的人生，或許會對自己不懂得妥善安排而懊惱不已。

請放心。

本書將介紹如何符合科學且正確地擬定步驟和計畫。

安排得好與不好，這與身高高低、跑得很快或非常慢等取決於遺傳因子的能力完全不同。**學會做法、進而去實踐，我認為每個人都會成為安排達人。**

這個證據就在你每日刷牙這件事上，當你刷牙時，手上拿著牙刷、將牙膏擠在牙刷上、從右上方後側的牙齒開始……請問你思考過這些步驟嗎？又或者你曾因早上刷牙過於專注，以致於上班或上學遲到嗎？

在我們日常生活中，對於已習慣的事，每個人都是無意識地進行，在適當的時間內完成。

尋找對自己最有效率的方法，並建立順序，身體力行。也就是說，**每個人都具備步驟安排的能力。**

當然，想必也有這樣的聲音：「刷牙與工作的步驟安排不同。」、「小組行動，有交貨期限，突然發生問題等的複雜條件下，往往很難依照自己擬定的計畫進行。」

我非常能理解有人會產生這樣的質疑。基本上，我們對無意識也能進行的單純作業，以及一邊留意多個複雜條件的作業，很容易認為兩者性質完全不同，無法相提並論。

這其實是天大的誤解。

很懂得步驟安排的人，會知道要拆解複雜的作業，讓每個步驟是在最容易的狀態下進行，不會質疑、不會煩惱，讓自己看起來是輕輕鬆鬆地處理每件工作。

擅長計畫與不會計畫的差別

在第一章，對「自己不會步驟安排」而煩惱的人，與沒有這個煩惱的人，其兩者之間的分歧，就在於以下與步驟安排有關的三個誤解，我將會逐一說明。

步驟安排的誤解❶在沒標準的情況下行動

步驟安排的誤解❷自以為這個也會、那個也會

步驟安排的誤解❸沒先計畫會遇到挫折

首先請確認，你是否將前述這三個誤解置之不理。

自認不擅長步驟安排的人，其實不擅長的並非步驟安排，只是缺少分解作業步

驟的觀點，我想你自己應該能感覺到。

下一章之後，我會告訴各位，具科學性且正確的步驟安排。但如果出發點與終點是不同方向，無論你的腳程多快，還是會在中途迷路。

了解這三個誤解，其實是為學會步驟安排的知識所做的事前準備，這一點請牢記在心。

不擅長計畫的人常有的三誤解

❶ 在沒標準的情況下行動

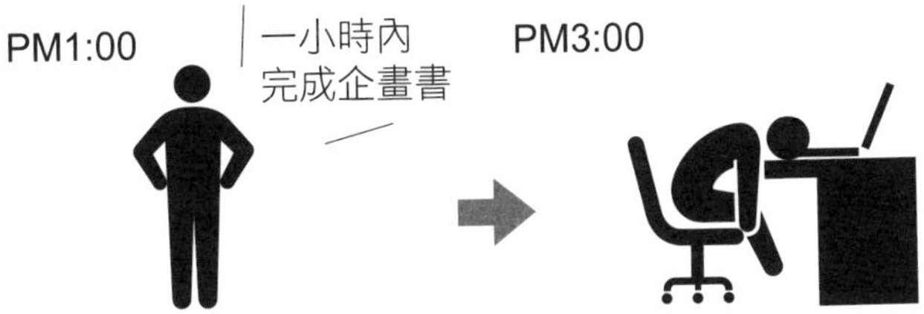
PM1:00
一小時內
完成企畫書
PM3:00

❷ 自以為這個也會、那個也會

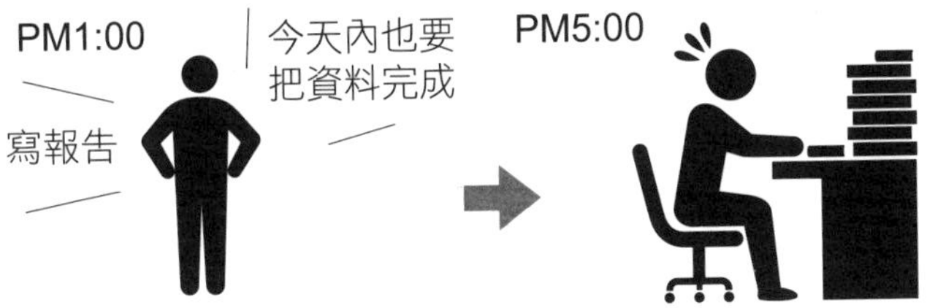
PM1:00
寫報告
今天內也要
把資料完成
PM5:00

❸ 沒先計畫會遇到挫折

PM1:00
兩點前完成
企畫案
PM1:30
請跟我說明這
個案件簡介

02
誤解❶在沒標準的情況下行動

你擬定一整天的工作行程時，是否有等同於尺的標準？

舉例而言，「上午製作會議資料」、「下午趁早到外面晃一晃」、「傍晚做報告」等等，規劃類似這樣的預定行程時，一般人總習慣根據過去經驗，做出「這件事可能要花這樣的時間」的決定。

其實，這是大家對步驟安排的第一個誤解。

我們**無法將自己能辦到的事具體數字化，就等於沒有安排的標準**。

結果你動腦、動手試著解決時，卻花費超出預期的時間，而且無法如預期的時間結束……。從中產生的拖延，使之後的步驟安排也跟著瓦解，自然就成了「為什麼計畫不如預期……」的結果。

追究其原因，「沒時間應付廠商打來的電話」、「主管要我做其他事，使計畫有所變動」等，將失敗轉嫁到其他理由，完全沒注意到自己沒設下標準，下一次又發生同樣的狀況。

我們與生俱來的時間感本來就很馬虎，並不精準。

不少心理學研究證明了這點。**一般人開始處理某件事時，通常對估算完成該事所需的時間和勞力過於樂觀。**

這就是所謂的「**計畫錯誤**」，一個以大四生正在寫論文為調查對象的實驗中，我們得到以下結果。

研究者詢問正在寫論文的學生：「什麼時候會寫完？」讓他們自己預測最長和最短的時間。此時，學生預估的最短日數平均為二十七天，最長為四十九天。

但實際上，學生完成論文的平均天數為五十六天。真如自己預估在最短天數寫完的學生，其實少之又少；在自己預估的最長天數和預期天數寫完論文的學生，根本不到一半。

根據這項實驗結果，美國認知心理學者丹尼爾・康納曼（Daniel Kahneman）將對安排過於樂觀的傾向取名為「計畫錯誤」。曾獲諾貝爾經濟學獎的康納曼公開承認，自己也有過計畫錯誤的經驗。

康納曼在以色列的大學執教時，曾執筆寫教科書。原稿的編寫工作相當順利，大約一年就完成整本書的兩章。這時候，他詢問編寫團隊的成員：「這本教科書，大約還要花幾年完成？」想知道大家的預測。

包括康納曼在內的所有執筆團隊人員，最多人回答兩年，最短的是一年半，最長的時間是兩年半。但實際上，教科書在八年後完成。

跳脫「計畫錯誤」陷阱的兩方法

就連榮獲諾貝爾經濟學獎的學者，也對「自己應該可以辦到」產生誤解，以致於計畫無法依原先的安排進行。這是因為很多人都沒設定標準，就直接擬訂計畫，這樣的情況或許也只能說是「無可奈何」。

事實上，當工作開始出現延誤，「以聲音輸入的方式快速書寫郵件」、「以圖形製作的App迅速整合資料」等基準，依賴過於模糊的「提高工作速度的小技巧」，根本無法解決問題。

另外，認為「與其在腦中思考，不如先行展開行動」的人，盲目地著手工作，結果加班時間增加了，甚至還可能危及身體健康。

要從計畫錯誤陷阱中逃脫，其實有兩個方法。

1. 找一位熟識自己的人，請他預測你會花多少時間結束這份工作。
2. 找一位與自己有深交的同事，預估如果由他來進行這份工作，會花多少時間。

兩者的重點皆在於「**客觀性**」。

每個人容易對自己花費的時間或勞力過於樂觀，相較之下，較能冷靜地推測他人的能力。因此，關於時間上的分配，最好由他人決定。

儘管如此，要是自己一個人安排、規劃，就會提升整個作業的困難度。

因此我想建議大家，**擁有自己的標準**。

舉例而言，閱讀一封郵件後，寫回信需要幾分鐘？準備一小時長的會議資料，平日通常花多久時間？前一陣子，為了找資料花多長時間？實際上打電腦製作文案，又花了幾分鐘？

將每項作業一個個拆解，記錄花費的時間和工夫。

或許你會認為這是很耗時間的方法，但從自己能開始刷牙起，我們一邊學刷牙方式，同時仔細刷一顆又一顆牙。**花時間學會的動作，都將變成自己在無意識中，也能處理完成的一種習慣。**

關於安排也是如此，將自己完成某項工作所花的時間、勞力數字化，就等於擁有標準，請從這裡開始做起。倘若還是維持「因為之前曾這麼做」這次也就這樣吧！那就不可能從計畫錯誤的陷阱中逃脫，將過著追著計畫跑的每一天。

首先，就從記錄自己的能力開始吧！

03 詳實記錄自己整天的行動

想要提升自己的事前準備、步驟安排、行事曆規劃，我希望你有這種想法的那天起，能嘗試做這件事。

那就是寫下紀錄。

最開始的兩週，無論是工作或日常生活中的大小事，都請你預測會花多少時間完成？因為這都將成為屬於你自己的標準。

早上起床到離開家門花了幾分鐘，在這段期間內完成幾項工作？

比方，泡杯咖啡花了多久、做早餐到吃完早餐又花了多少、花了多久時間刷牙、整裝打扮花了多久、走到車站又花了多久……

抵達公司後到開始處理第一件公事花了多久、一天確認幾次電子郵件、每次又

寫下紀錄

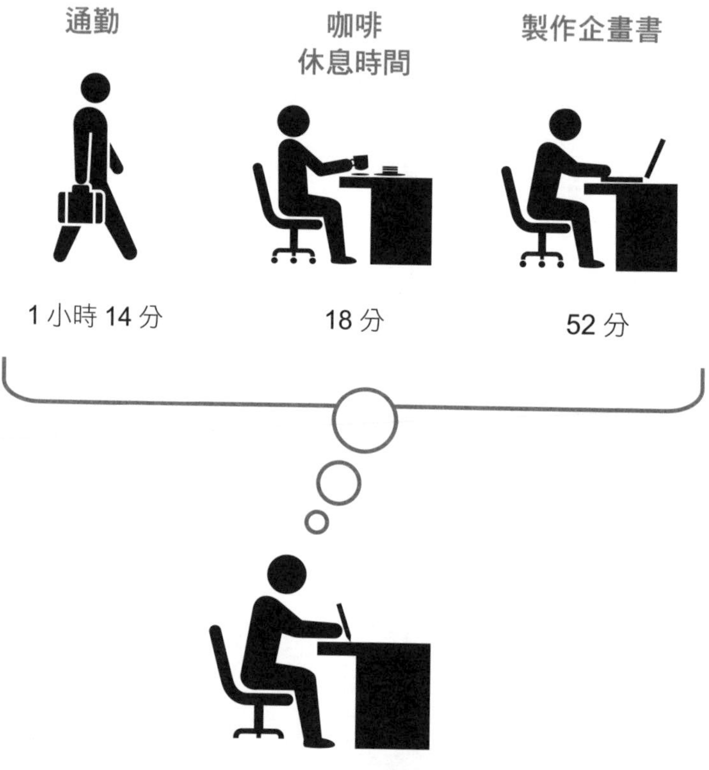

記錄自己生活中大小瑣事所需的時間

是花了幾分鐘？用多少時間做一份企畫書？發呆翹班的時間又是多長？每天有多少時間用於上網搜尋與工作無關的事？發呆或上網搜尋工作以外的事，通常在一整天的哪個時段？

拜訪顧客的移動時間又是多久？在這段時間內，會在車上做什麼？如果是看書，看一頁要多久？拜訪顧客又花了多少時間？在這段時間裡，與業務有關的談話和閒聊時間，分別各占了多久？

回到辦公室後到下班的這段時間，又做了哪些事，分別花了多少時間？回家後，通常會做哪些事？幾點上床？

請將每件事花費的時間鉅細靡遺記錄下來。你可以選擇記在記事本或選用可以保留行動紀錄的計時Ａｐｐ。

老實說，為了制定自己的標準而做記錄是個非常麻煩的階段。儘管如此，**只要結束測量成為基準的數字後，就能基於這份完整的資料，擬定步驟安排。**

擬定的計畫能否順利進行，只要和前一次的結果相互比較，就能明確掌握數字。

04 誤解❷ 自以為這個也會、那個也會

關於第二個誤解，在此我有一個問題。

請試著想想看，在你周遭的人當中，是否有誰很會安排。

舉例來說，這個人給你什麼樣的感覺？

手上有好幾個案子的主管，也是這些案子的負責人，卻能每天在固定時間下班。明明應該和自己一樣忙的同事，卻能巧妙安排時間，煮飯、打掃、帶小孩等家事，完全不假他人之手。還有能在繁忙課業中，找出空檔用於自己的興趣，成績還名列前茅的同學。

看在不懂得安排的人眼裡，懂得安排的人是可以同時多工、一心多用的人。

我因為在個人資料上寫著：「一天可以看十到二十本書、在 niconico 和 Youtube

頻道上直播、自我體能訓練、從事演講和諮詢工作」。曾有記者問我：「要怎樣才能同時做這麼多事？」

這其實是大家對安排的第二個誤解。以為能同時進行A、B、C、D四件事，就是可同時多工，也是很會安排的人，這其實容易讓人產生誤解。

詳細內容我會在第六章說明，但其實我整天的行事曆只包括詳細記錄的時段和完全空白的時段。基本上，每段時間只進行一項工作。

我所重視的安排，基本上，**對應該要做的每項任務，以自己的標準預估必要的時間，並先行保留下來，集中精神在這段時間內完成。**

完成單一任務後，再繼續下一個單一任務，然後再下一個……，像這樣反覆進行。如此就會讓人產生「要怎麼做才能同時進行這麼多事」的疑問。

很懂得安排的人，應該都有這樣的共通點。

請你再次仔細觀察身邊很會安排的人如何處理事情。為了在期限內完成經手的多項任務，他們通常一定會列出任務的先後順序，在確保的時間內，集中精神每次處理一個任務。

短時間的集中精神與休息。換句話說，擁有自己的標準，每次集中精神處理一件任務，這是他們的安排，所以一切才會順利。

很多人自認為「這個也會、那個也會」，以同時處理多項任務為前提來安排。因為不懂得切割任務，於是就會出現「早上得要做完ＡＢＣ三件事。一邊做資料，如果有空就和課長討論其他工作，同時還要指導新進員工」。像這樣粗略地同時處理多項任務的人，很快就會發現自己事情做不完，得要加班才行。

同時處理多項任務，會降低生產力

事實上，根據心理學、行動經濟學、腦科學等多個研究證明，同時處理多項任務，會降低生產力。

根據某個實驗資料，**同時處理多項任務的工作效率會下降四〇%**，和單一任務相比，**作業時間增加五〇%，作業失誤增加五〇%**。另外，同時處理好幾項任務，切換任務時專注力會因此中斷，之後要花二十五分鐘，遭到干擾的專注力才會恢復之前的水準。因此，同時處理多項任務的話，工作如預期進行的可能性非常低。

誤以為自己「這個也會、那個也會」，很容易使自己被他人評價為不懂得安排。

儘管如此，還是有很多人選擇同時處理多項任務，那是因為這當中有一定的好處。那是因為有主管會肯定這種「看起來非常忙碌」的員工，又或者已經是一種企業文化。這樣的情況並非僅限於日本。

倫敦商學院教授朱利安．柏金紹（Julian Birkinshaw）和研究生產力問題的專家喬丹．柯恩（Jordan Cohen）進行一項與生產力有關的實驗，結果發現，白領階級的上班時間中，有四一%的時間花在不必要的活動上。

這段時間進行的作業不但缺乏個人滿足感，而且任何人都能辦到。願意將大把時間浪費在毫無意義地同時處理多項任務上，是因為多數人都擁有「愈忙碌看起來愈厲害」的迷思。

人一旦要進行多項任務時，對工作就會變得非常積極，整天下來會得到成就感。

我之所以這麼說是有證據的。當你詢問同時處理多項任務而得到成就感的人：「今天完成什麼工作？」對方恐怕會一時語塞，答不出來。儘管在外人眼裡看起來很忙碌，做了這個，也做了那個，但遺憾的是多數人沒能留下具成就感的成果。

根據猶他大學研究，有一種人無論進行任何作業都不會降低效率，他們被稱為**「Super Tasker」，但事實上擁有這項能力者，僅占總人口數二%**。

所謂的「Super Tasker」，無論任務分散或同時進行，專注力都不會被中斷，作業速度也不會變慢。這種人只占全球總人口二%左右，這是上帝給予極少數天才的禮物，我們平凡人模仿不來，還是只能集中處理單一任務，藉此鍛鍊自己的安排能力。

一次只專注一件事

每天非常忙碌卻遲遲沒獲得成果，這種人通常陷入同時處理多項任務的陷阱裡，將事情複雜化。想要從「這個也會、那個也會」的迷思裡跳脫出來，最重要的是簡化所有事。

除了簡化作業，我在先前的內容裡提到訂製時間標準，對應該專注精神處理的事項，擁有屬於自己的處理標準。

這週的今天上午，安排自己「一定要做什麼事？」這種做法其實是錯的。**應該是安排工作的先後順序，思考自己要「專注於那件事上」才對。**

這一點絕對要遵守，如果做了肯定會對將來有幫助。像這樣的作業要排在先後順序前面，並空出時間以單一任務的方式，集中精神處理。只要持續下去，你一定會慢慢成為非常懂得安排的人。

如果你一直以來都無法妥善安排或規劃，原因不在個人能力不足，而是你分散了時間和專注力。

05 專注任務、提升效率的技巧

為了學會處理單一任務，可嘗試以十五分鐘為單位，完成一項作業，這就是所謂的「專注任務」。

所謂專注任務是指，將在一週中花多少時間學習？把目標分割成一個個小任務來進行。在此，我將分享，如何把**「十五分鐘為單位完成一項作業」視為一個任務，集中精神處理**的方法。

十五分鐘這個區間，是我們的專注力在不勉強的情況下，可持續的時間。以十五分鐘為一項工作段落，中間休息兩、三分鐘，接著再投入下一個十五分鐘，以此為循環。一旦養成這個習慣，自然會產生「花十五分鐘完成這個」的念頭，集中精神完成工作。

如此一來，就能很自然地以單一任務的方式，完成各項工作。

重點在於，**不要太過相信自己的專注力**。

舉例而言，「接下來的兩小時不要休息，一鼓作氣完成企畫書」，儘管展現旺盛企圖心，但專注力一定會中途不濟。根據與專注力有關的腦部科學研究，就算是經過訓練的人，專注力一次最多僅能維持九十分鐘，而且只針對單一任務。

假設兩小時內還查看電子郵件、接聽電話等，這時專注力自然會中斷。

同樣的兩小時，這個也做、那個也做，這是錯誤的。在乎這個、在乎那個，專注力自然會變得散漫，結果時間就這樣溜走，事情卻沒達到預期進展。

感覺時間太過短暫，**以十五分鐘為區間，中間隔著休息時間，朝著單一任務的方向反覆進行，這樣的做法比較容易完成較多的事**。

被認為是很會安排的人，做事很快的人，通常都有自己的標準，能掌控自己專注力的持續時間，以屬於自己的循環方式，完成單一任務，實踐專注任務。

當普通人還在猶豫「接下來要做什麼？」時，他早就集中精神「接下來做這個」，而且在任務與任務之間還能稍微休息，一小時完成三或四個任務。

如果將這個模式寫成數學公式，就成了「工作量（讀書量）＝時間Ｘ專注力」。

順道一提，我們一天當中真正能專注的時間，據說只有三到四小時。另外，最能發揮專注力完成工作的時段，通常是在早上起床後到中午為止。

因此，**懂得安排的人，「會利用早上較容易集中精神的這段時間，思考具創意性的事，一旦專注力變差，就改成單純作業」**，這樣的訣竅其實來自經驗。

如果想學習如何妥善安排，首先請以十五分鐘為單位，在每個十五分鐘之間隔著休息時間，嘗試在一小時之內進行三項作業。

不知該從哪裡下手的人，愈是有這種困擾的人，建議切割時間，擬定步驟，一定能實際感受到專注任務帶來的好處。

專注任務

以 15 分鐘為單位處理一項作業

06 誤解❸ 沒先計畫會遇到挫折

包括「失敗為成功之母」這句名言在內，與失敗有關的嘉言名句相當多。那是因為**人類是失敗的生物**。

「職業生涯中，我投失了超過九千次，輸了三百場比賽，由於隊友對我的信任，我曾二十六次去投致勝一球，但都投失了。在我一生中，失敗總是一個接一個，但這也是我為什麼會取得成功。」

——麥克．喬丹，籃球員

「我不是失敗，而是學習了七百次錯誤的方式。」

——湯瑪斯．愛迪生，發明家

「要快速失敗、便宜的失敗、聰明的失敗。」

——艾立克．史密特，Google前CEO

與失敗有關的格言、名句，其內容不外乎鼓勵世人從失敗中學習，從挫折中站起來，記取失敗的教訓。

我們在安排自己的人生時，為什麼沒考慮到「失敗」呢？就算腦海裡出現對失敗的不安，但在所有事情的準備或計畫階段裡，滿腦子想的都是「該怎麼做事情才會順利」。

為什麼我們老是把重點放在「該怎麼做才會順利」，而不是對失敗的不安，理由在於我們都有**「確認偏誤」（confirmationbias）**。

「確認偏誤」是指，當我們認定**「希望能有這樣的結論」**時，只會蒐集有利於結論的資訊，**完全忽略任何不利自己或矛盾的資訊**。這也是人做出錯誤判斷的原因。

舉例而言，擬定旅遊計畫時，想去某個觀光景點、又想去探訪古蹟、想要吃當地的名產、想要去泡足湯、也想去知名的海邊散步……為了滿足自己和家人的所有希望，該如何安排一整天的觀光行程？

這時行事曆要以分計算。如果能如計畫般全走遍，應該會是讓全員滿意的一天。連自己都認為這樣的安排很棒，非常滿意地迎接旅行當日到來。

觀光景點的等待時間、移動時發生事故導致大塞車、購買名產結帳時大排長龍等，在旅遊當地發生幾件破壞自己行程的事。導致以分計算的行事曆大延誤，旅程無法如計畫進行，整個人變得相當急躁……

又或者，為了將在客戶面前進行企畫報告，正忙著做準備。決定利用一般業務結束後的時間蒐集資料或製作企畫案資料。因為剛好是業務比較不忙的時期，於是自己預估大約五個工作天就可以完成。

事實上，業務發生問題。為了處理問題占用了原先預定的時間，企畫案的資料蒐集毫無進展，時間就這麼來到截止日。

發生問題的案例以往也曾有過相同的客訴，應該可以預見。但因為自己的意識只放在企畫案成功的目標上，導致忽略問題發生的可能性。

「應該會順利進行」的想法，反而不如預期

一旦確認偏誤的情況發生，我們基於「希望能有這樣的結論」的心態，只會蒐集想要的理由擬訂計畫。一般來說，應該是「理由→結論」這樣的判斷，這時卻會出現「結論→理由」這樣的順序。

結果導致事前的安排失敗，當自己知道已經無法達到原先預定的目標，會突然喪失鬥志，進而自我放棄。

這在心理學稱為「管他的效應」（The What-The-Hell Effect）。這是個淺顯易懂的名稱，常被引用在論文上。

詳細內容會在第四章會加以說明，「管他的效應」發生後，我們就會完全放棄

自己擬定的計畫和所做的安排。

舉例而言，一位正在減重且訂下「夏天前要瘦五公斤」目標的人，因無法拒絕而參加工作應酬。

正打算以沙拉或雞肉果腹時，重要的顧客開口推薦說：「來這間餐廳如果不吃義大利麵，簡直是白來了。」一旦減重者將義大利麵吃下肚，最後就會演變成「今天就算了，我的餐後甜點要點蛋糕！」

當擬定好的計畫失敗了，若要重新再來一次需花費更多努力。事實上，狂吃一夜後，原先預定的減肥計畫自然無疾而終，這樣的例子可說比比皆是。

正如剛剛的例子，如果有重要的企畫案，應該重新調整自己的行事曆才對。完全放棄規劃旅遊行程，一天就這麼結束，或許從隔天起就一切順其自然。

沒有假設會發生失敗或挫折，帶著「應該會順利進行」這樣的誤解來規劃安排，無法順利進行的可能性會變高。

當你在安排、規劃時，首先要把「失敗、挫折、計畫外的狀況」等情形，納入

自己的計畫中。

失敗時、挫折時、面對計畫外的事情時，自己應該要抱持什麼心情？當事情無法順利進行時，該如何處置？

如果能擬定好面對這一切狀況的對策，才算得上真正會安排。失敗和挫折時的處理對策、情感上的動搖該如何處置，容我在第三和四章詳細說明。在此，請各位先把以下兩點記起來：「安排是為了不要面對挫折的對策」、「失敗、挫折、預測之外的問題發生，應該在安排或規劃時就事先納入」。

07 待辦清單的正確使用方式

如果你為了提高工作效率或計畫性而採用「待辦清單」（To Do List），從今天起就放棄這項做法吧！如果從計畫挫折的意義來看，我會勸你不要使用待辦清單，而是採用行事曆一體化的方式。

我會這樣建議，主要是因為**逐條寫在待辦清單的事項中，有四一％是絕對不會執行的「願望清單」（Wish List）**。

這個數字來自美國 To Do 管理服務網站上進行的「I Done This」的調查。根據該調查，**被寫在待辦清單的項目中，有五〇％會在當日執行，其中大多數在一小時以內就會完成**。

換句話說，很多人在寫待辦清單時，將腦海裡浮現的「該做的事」寫下來，從其中挑選容易完成的事項著手，除此之外的事項則當作沒看到。

舉例而言，在待辦清單寫下「製作新事業的提案計畫書」、「開始英文會話課」、「變更房間陳列」……這些都是如果開始執行會對未來有幫助的事，卻也是沒有任何強制力的「該做的事」。

結果就是「提出普通的業務報告」、「和下屬一起去喝酒」、「整理房間的垃圾」等，將日常生活中一些不可不做的事排在最優先順序，對未來有幫助的「該做的事」，就這麼被擱置一旁。

根據人類的心理，寫下待辦清單的行為，可以擁有小小成就感。光是逐條寫下「製作新事業的提案計畫書」、「開始英文會話課」、「變更房間陳列」等事項，就能評價看清未來的自己。從安排的觀點來看，**待辦清單的缺點是所有事項都是相同優先程度**。

如此一來，當你思考要從哪項開始做起，很容易就從簡單事項開始進行。從原本不需納入待辦清單的瑣碎事項開始著手，獲得某種程度的成就感後，預定時間也到了。

再加上，不知道待辦清單需要的時間，這也是一個問題。「該做的事」的清單裡，一旦待辦事項變多，就很難掌握需要花費的時間。因為這種不安感，使很多人只會處理幾分鐘內就可以完成的事情，留下可能要花長時間的項目。

結果就導致待辦清單的待辦事項大約四成永遠無法完成，再把這些無法完成的事寫進下一份待辦清單，或根本忘了這些事。

為了克服待辦清單的這個缺點，最有效的方法有兩個。

第一個是**單一任務化**。另一個則是**把「該做的事」排進行事曆**。

單一任務化的做法很簡單。首先，依照過去的方式寫下待辦清單。將自己想到「該做的事」快速逐條寫下來。

等到想不到其他事項時，就可以停手，從中刪除幾分鐘內可完成的「該做的事」。比方，「打電話給某人」、「回信給某人」、「買參考書籍」等，應該可以刪去五〇%要做的事。

接著，從剩下的事項中，找出四一%永遠不會完成的事。也就是雖然這些「該做的事」對未來有幫助，但實際行動的可能性非常低，因此也要從清單上消除。

再來從剩下的待辦事項中，挑選一件你覺得最重要的，然後開始行動。這個事項未完成前，絕不去處理其他事項。這就是單一任務化。**為了清楚確認唯一一件該做的事，必須要懂得善用待辦清單。**

另一個方法則是**將該做的事排進行事曆，這個方法是在行事曆空出時間，以處理該做的事。**

舉例而言，如果要「收發電子郵件」，一天排出三個時段，分別是早、午、晚，每次約十五分鐘，用來查看電子信箱。除此之外的時間不要點開信箱，一天只要三次集中處理電子郵件即可。

又或者，如果要「製作報告書」，將報告書所需的時間和截止日期都排進行事曆，並空出處理時間。報告書的目的和必須提出的重點，也要一併記下。

如此一來，就能確保有時間處理該做的事，這樣的做法自然也會減輕「那件事非做不可」的壓力。實際上，在你開始處理該項事務之前，會非常專注地處理其他該做的事。

另外，確保實行時間可避免不斷把「該做的事」往後挪，導致一事無成。

把「該做的事」排進行事曆

○月○日

AM	9：00～9：45	朝會
	9：50～10：05	確認電子信箱
	10：05～10：08	休息
	10：08～10：55	製作企畫案
	⋮	
PM	1：30～1：45	確認電子信箱
	1：45～2：15	製作資料
	2：15～2：00	開會
	3：00	外出
	⋮	
	5：30	返回公司
	5：30～6：15	製作報告書
	6：15～6：30	確認電子信箱
	6：30～10：55	下班
	⋮	

把該做的事排進行事曆減輕壓力

Sunday Monday Tuesday Wednesday Thursday Friday Saturday

第 2 章

正確計畫的科學原則

08 計畫的SOP，往正確的目標前進

在第一章，我針對大家對安排的誤解，以及懂得安排的人與不會安排的人之間的三點差異，做了仔細的說明。

1.「擁有標準＝將自己的動作所花的時間、勞力數字化」。

2.「徹底地單一任務化＝思考自己『現在、應該要集中精神做什麼事』，並排列優先順序」。

3.「計畫挫折＝事先將挫折、失敗、計畫之外的事情發生，列入事前安排」。

關於實現這三個重點的方法，我將會在第三和第四章詳細說明。我在第二章要告訴大家的是關於「安排的事前準備」。那就是為安排而安排的SOP，或許你會認為我的說法有點拗口。

我們之所以會想要安排、規劃，當然是為了要達成目標，或取得某些成果。

一旦其成果或終點的設定出現錯誤，就算事情如事先預期般地進行，我們卻無法獲取回報或滿足感。

舉例來說，跑全馬如果不知道終點站，又或者搞錯了終點站，腦子就會浮現「這個真的應該做嗎？」的疑問，熱情就會在中途消失，「管他的效應」就會出現，事情可能會變得不順利。

為什麼做安排前需要做事前準備？

理由非常清楚。就算安排得再好，朝向錯誤的終點最終還是不會有好的結果。

因此，就算學會我在第一章解說，在第三章以後詳細介紹的「完美安排法」，但如果目標設定錯誤，最終還是無法得到讓自己滿意的成果。

舉例而言，登山時儘管「想要爬上山頂」的目標是與眾人相同，但過程會因為個人希望而不同。

如果想要以最快的速度爬上山頂，就必須選擇安全而且已經存在的路線。如果想要享受絕美風景，那麼選擇的路線自然也會不一樣。若想要挑戰前人從未有過的冒險，那麼選擇的會是要攀爬斷崖峭壁的路線，面臨的是登山家等級的挑戰。

哪一條路線是好的，就看個人的希求。

為了安排而安排的SOP，必須要是要朝正確目標前進才行。為了不浪費擬定的計畫，我將會告訴大家目標設定的方法。

09 最有效的目標設定法「MAC原則」

目前為止，在心理學、行動經濟學、腦科學等領域裡，關於目標設定和目標的設定法，都有各式各樣的研究，也有很多技巧。

這當中有相當優秀的研究成果，當然也有讓人產生「這只有在實驗裡才會如此順利？」這種令人不敢置信的論文內容。在眾多研究中，我蒐集了評價最高的三十八篇進行整合分析。目前公認最有效的目標設定法是荷蘭恩荷芬理工大學研究團隊彙整的「MAC原則」。

所謂的整合分析是指統合多個先行研究再進行分析，進而得到像是「論文的論文」。**「MAC原則」可說是目前最具說服力的研究成果，也是最強的、為了安排而安排的SOP。**

「MAC原則」，是由M、A、C三個要素組成的。

M＝Measurable 測量可能性

可將目標（Goal）數字化。

A＝Actionable 行動可能性

可正確掌握目標，明確地寫下抵達目標的過程。

C＝Competent 符合資格性

目標達成，是基於自己的價值觀。

使用方式很簡單。

當你設定某個目標、擬定步驟時，從這三個觀點去確認「將要著手的目標是否是你真正的目標」。

舉例而言，如果你的目標是「由自己擔任小組組長所舉辦的活動能順利成功」、

「今年想充實私生活時間」、「想交男朋友或女朋友」。朝這些目標擬定實行計畫前，請先試著對照「MAC原則」確認目標設定是否正確。

「MAC原則」是我們朝向正確目標行動的理由

如果你的目標是「由自己擔任小組組長所舉辦的活動能順利成功」……。

M（測量可能性）＝「來客目標人數或當天營業額、在社群網站SNS上的擴散程度等，將活動的成功標準數字化」

A（行動可能性）＝「為了達成來客數、營業額等目標數字，將活動前可以辦到的事項具體化」

C（符合資格性）＝「對身為專案小組組長的你來說，達成該項活動的目標來客數、營業額等，是否是件值得高興的事」

如果目標是「今年想充實私生活時間」……

M（測量可能性）＝「要做什麼才能充實自己的私生活？計算出為了達到該項目標，需要花多少時間」

A（行動可能性）＝「為了擠出必要的時間，要如何改變生活？工作和家事的效率化等，決定具體的行動以確保時間」

C（符合資格性）＝「充實私生活，是否會讓你的人生變得更美好」

如果是「想交男朋友或女朋友！」……

M（測量可能性）＝「設定在〇月〇日前交到男女朋友的期限，將願望數字化」

A（行動可能性）＝「為了在期限前交到男女朋友，需要建立具體行動計畫。比方去交友網站登錄、或請朋友熟人介紹、邀請中意對象出遊等」

C＝（符合資格性）＝「認真思考結交男女朋友這件事，真的是自己期待的嗎？」

活用「MAC 原則」

M ＝測量可能性

將目標數字化

◯ 營業額比前一年增加 20%

✕ 提高營業額

A ＝行動可能性

將抵達目標的過程明確化

◯ 在顧客名單上增加 30 間新公司

✕ 活用顧客名單

C ＝符合資格性

思考目標達成是否基於價值觀

→ 如果有助於提升自己的技術，
對未來獨立有幫助的話願意去做

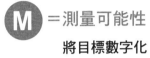

不被感情左右，全心投入行動中

「ＭＡＣ原則」的優點不光在於將目標數字化、行動具體化。人的行動會因為目標的數字化、具體化，變得容易起來。

被公司通知說：「要提高營業額」，倒不如聽到說：「銷售目標是比前一年的營業額增加二〇％」，後者的說法比較容易了解。「二〇％的話，開拓新客人占一〇％、現有的客人貢獻一〇％」、「為了達到這個目標」……很容易將行動具體化。

一旦將目標化為數字，同時感覺到朝目標方向行進時，事情就比較容易照計畫進行。

但困難點在於，人是很容易受感情左右的生物。

無論是測量可能性或行動可能性，光這樣仍不足以讓我們持續充滿幹勁。就算將目標化為數字，一旦過程不夠明確，就會不知該從哪下手。達成目標後，如果沒有明顯感受到充實感，自然會失去行動動能。

因此，第三項的觀點很重要。

設定的目標是否與自己的價值觀相符？到手的成果對自己而言是否有意義？將第三點與數字化和過程的具體化並行思考，並確認自己的能力，最後是否贊同，這才是安排的重點。

10 好機會很誘人，但適合你嗎？

採用MAC原則時要注意，不要因為每一項要素都滿足而安心。

舉例而言，「營業額比前一年增加二〇％」這是測量可能性的目標，若多了「如果達成的話，會有多的獎金，所以要加油」，個人的能力也能獲得滿足。但以這個數字為目標而有勇無謀的話，中途受挫的可能性極高。

為什麼會這樣，那是因為具體的過程、行動步驟都不夠明確。缺乏行動力的計畫，很容易淪為紙上談兵，實行時一旦發生問題，就容易瓦解。

MAC的原則是「M」、「A」、「C」這三個要素都必須符合，才能發揮效用。不是因為測量可能性OK、行動可能性OK、符合資格性OK，而是**測量可能性、行動可能性，以及符合資格性等三個條件同時滿足，才是值得你認真地計畫，應該追**

求的真正目標。

實際上，我自己也活用「MAC原則」。最近某IT企業邀請我參加每天十五分鐘的帶狀節目。

・在可能的情況下，希望三百六十五天都上節目。

・上一次節目的酬勞為三十萬日圓。

這是個一年約有一億日圓進帳的好機會。

因為上節目的時間只有十五分鐘，因此寫書、諮詢業務、演講等工作，我都可以兼顧並行。這麼好的機會讓我毫不猶豫想要點頭答應。「但是，等等，」在回覆對方之前，我對照了MAC原則。

M（測量可能性）＝「在可能的情況下，三百六十五天都上節目。一次的酬勞三十萬日圓，一年約一億日圓的收入。」

A（行動可能性）＝「一旦確定參與演出，每天同一時間就必須前往東京都內某個攝影棚。包括往返的移動時間、梳妝等事前準備、正式錄影前的彩排在內，大約要花三到四小時。節目播出時間約在晚上八點，其他的工作我必須在傍晚前結束才行。」

C（符合資格）＝「思考這份工作是不是自己真正想要的。」

將行動可能性的要素抽絲剝繭後，一億日圓這個測量可能性的數字，對我的魅力漸漸失色。而且節目中可能要參加自己沒有興趣的猜謎遊戲、或是對話題新聞做出評論。

到底這項工作是否符合我的人生價值觀？從能力的觀點看來，我斷然決定「不應該接下這份工作」。

像這樣**將數值化、過程的具體化並行，篩選出「真正應該做」的，並以能力／適格性對照，如此一來就比較容易下判斷**。因此，光是靠能力開始安排，可能會過於抽象，追求的目標是過高的理想，容易失敗。善用三位一體的ＭＡＣ原則是最強的安排的計畫術。

11 五個問題讓計畫順利達標

採用「MAC原則」設定目標時，可用「疑問句型自問自答」當作輔助技。

根據美國伊利諾大學進行的實驗所得到的結果是，一般人對自己的想法與其以**正向思考發話，倒不如以疑問句型自問自答，這樣的事前準備，會讓安排更順利。**

・「自己可以達成營業額較前一年成長二〇%的目標」，這句話不該是這麼說，而是要改成「自己可以達成嗎？」

・思考的不是「自己要找男女朋友」，而是「我可以交到男女朋友嗎？」

為什麼疑問句的型態，會使事前準備、安排變得順利呢？伊利諾大學的研究團隊指出，因為我們的**大腦會朝「要達成目標該怎麼做才好？」的方向，思考現實的做法**，給大腦一條思考脈絡。

相反地，一般的自我啟發書會推薦正面思考有助目標達成，但這麼做可能會指引大腦的思考脈絡通往失敗的道路。

正向思考的失敗道路

1. 正向思考

2. 因為大腦無法分辨現實與正向思考想像的差別，誤以為「目標達成！」

3. 開始行動前，熱情就下降了

4. 無法依照事先安排進行，目標無法實現

為什麼會出現這樣的現象呢？德國心理學家嘉貝麗・歐廷根（Gabriele Oettingen）將她研究正向思考二十年的成果對外發表，她是這麼說的。

・「描繪理想的行為，會讓大腦自以為目標已達成。如此一來，在現實裡克服問題和困境的行動力就會下滑。」

・「沉溺於正向的幻想因此心情愉快，短時間內士氣高昂，但終究還是會沒能量。之後變得毫無氣力，放棄計畫，最後就成了衝動的行動。」

自以為可以辦到是導致事前準備、安排失敗的原因。

相反地，使用「疑問型的自我談話」，會使大腦思考實際上可能達成的過程，以現實模式開始思考。

將「MAC原則」和「疑問句型的自問自答」結合在一起，問自己以下五個問題會更具效果。

1. 將「自己辦得到！」改成「自己真的辦得到嗎？」
↓大腦將目標視為是現實的↓有助目標的測量可能性。

2. 將「自己辦得到！」改成「為什麼自己想要做這個？」
↓問自己「為什麼」，會挖掘自己的價值觀↓有助探索自己的能力。

3. 將「自己辦得到！」改成「自己要如何做這件事？」
↓大腦會開始思考為了達成目標的具體行動↓有助行動可能性的思考，讓過程變得明確。

4. 將「自己辦得到！」改成「自己何時要做這件事？」

↓設定時間的目標↓有助目標的測量可能性。

5. 將「自己辦得到！」改成「要如何做才能更順利？」

↓將目標往更好的方向提升↓擬出更具行動可能性的過程，有助設定具體且實現率較高的安排規劃。

一開始採用「MAC原則」時，問自己「疑問句型的自問自答」的五個問題，如此一來「M」、「A」、「C」就會變得明確。這時，有一點要注意，那就是不要使用否定疑問句型態。

「不是辦不到嗎？」、「不是不可能嗎？」這樣會帶來反效果。「自己真的可以辦到嗎？」、「如果可以辦得到，該怎麼做才好？」試著以朝實現邁進的可能性疑問句，來問自己。

疑問句型的自問自答比正向思考有用

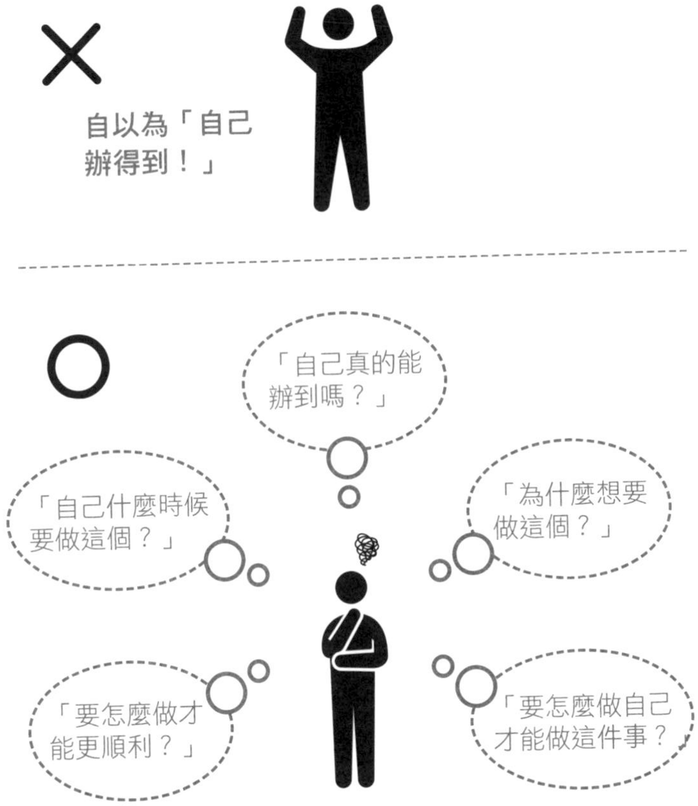

對自己提出這五個問題

12 不想做的工作要如何做完、做好？

其實，不是每件工作都會想自發性的設定目標。有時可能被主管分配到自己不感興趣的工作，又或者是為了取得與自己業務相關的資格，不得不重拾書本念書。

如果像這樣是為了達成消極的目標，「MAC原則」＋「疑問句型的自問自答」是有效的。

被分配到不想做的工作時，首先請試著想想「為什麼自己不想做？」

「因為是被強塞的目標所以沒有動力」，如果是這樣，請試著問自己：「著手去完成的話，會不會多少有點好處？」

以這樣的疑問句問自己，應該就可以看出符合你能力的部分。

「雖然不是自己想做的，但參與這個企畫案的話，似乎能拓寬自己在公司外的人脈。」

「為了資格考試而念書，或許會養成學習的習慣。」

從不想做的工作或沒興趣的企畫案中，一旦看清「自己應該做的理由」，就能讓目標數字化，也有助過程的具體化。

假設無論如何都找不到「應該要做的理由」，只要學會善用「ＭＡＣ原則」，「為了確保自己能有時間去從事想做的事，公司分配的任務也能有效率的完成」，前述的情況一定會發生。

雖然「不想做」，但卻不得不做，若從能力這個觀點來看，就能找到解決辦法。

「ＭＡＣ原則」＋「疑問句型的自問自答」的組合，會讓大腦處於現實狀態，有助設定正確目標，並將目標數字化，讓過程更為具體。

一旦確定應該朝向的目標後，只要學習比目標數字化更好的方法，比過程具體化更好的方法、和讓過程更能著實進行的好方法，所有事情的達成率將大幅提升。

第三章我將介紹七個技巧，讓你懂得如何安排、規劃，且計畫不失敗。

第3章

計畫不失敗的七技巧

13 一向悲觀派學習，成功率反而提高了

為什麼我們會如此在乎步驟？

相反來說，這世界上沒有哪個國家的民族像日本人如此需要安排步驟。因為有九八％日本人都屬於消極類型。

美國心理學教授諾倫（Julie K. Norem）將人類的心理狀態分成兩種。

第一種稱為「**防衛型悲觀主義者**」（**DP**），**這樣的人即使成功了，也會擔心自己「下一次可能會失敗」**。

另一種稱為「戰略型樂天派」（SO），這樣的人就是毫無理由地認為，自己「下次也會沒問題」。

其實可以把兩者稱為「**悲觀派**」和「**樂天派**」。

據說，日本人有高達九八%，屬於前者的「防衛型悲觀主義者」，這個研究在腦科學獲得印證。

在我們的大腦裡有一種稱為「**血清素**」的神經遞質，如果**血清素夠多，我們自然會產生一股安心感且充滿幹勁**。而用來調節血清素的量的是一種稱為血清素轉運體的蛋白質。

一旦大腦裡的血清素轉運體增加，就能大量運用血清素，心情會變得安定，做事也會變得積極。相反地，如果數量較少時，不安的傾向自然變高。

其實**血清素運轉體的多寡，完全由某個遺傳基因決定**。當這個遺傳基因是S型，血清素轉運體就會比較少，若是L型就會變多。

美國人當中，L型和S型的人數占比約五七%比四三%，相較之下，**L型的日本人只有一九%，而被稱為不安基因的S型，則高達八一%**。放眼全世界，S型人數占全國總人口超過八成的，只有日本。

換言之，**就遺傳而言，日本人是全世界最容易感到不安的民族**。

不過，也不能說日本人因為帶有不安遺傳基因，所以凡事都進展不順利。

擁有不安遺傳基因者，比較會顧慮對方的心情，容易獲得他人信賴，交友關係也會比較好。另外，還有統計顯示，這類型的人因為行為舉止較慎重，比較不容易發生交通事故。不只如此，**以不安為原動力學習事物的話，記憶力較強、專注力也會提高。**

一提到日本人的民族性，經常會聽到「勤奮、認真、勤勞」這樣的形容詞，這也是受到S型遺傳基因的影響，或是因為「防衛型悲觀主義者」所致。正因為容易不安的民族性，**才會小心翼翼的準備、有條不紊的安排步驟。**

你是樂天派還是悲觀主義者？

有一點不要搞錯的是正向、積極的「戰略型樂天派」比較容易成功，負面、消極的「防衛型悲觀主義者」比較容易失敗，這樣的說法是錯的。「多慮的人不會成功」、「正向思考的人會成功」等，這些都是不科學的說法。「任何類型的人都會成功」，這樣的說法才是正確的。

美國心理學教授諾倫認為，前述兩者都具有邁向成功的資質，只是不同類型要採取不同戰略，差別僅止於此。

沒根據也自認為「沒關係」，可以立刻動起來的「戰略型樂天派」的人，就算失敗也能立刻從挫折中站起來，往下次挑戰邁進。

簡直是「快速失敗」（fail fast），「戰略型樂天派」的人不會把時間花在安排步驟上，反而會選擇反覆大膽嘗試和錯誤，慢慢朝成功靠近。

另一方面，**儘管事情進展順利但仍會覺得「下次可能會失敗」的「防衛型悲觀主義者」，因容易感到不安，所以花很多精力在事前準備上**。非常熱衷安排步驟，認為自己已有萬全準備時，才會化為具體行動，成功率自然會變高。

重要的是要清楚了解自己的個性屬於哪一類型，採用適當的戰略採取行動。如果自己的個性**較接近「戰略型樂天派」，不要害怕失敗增加挑戰的次數；相反地**，如

果認為自己較接近「防衛型悲觀主義者」，要花時間做好事前準備，仔細安排步驟。

但在日本人當中「戰略型樂天派」極為少數。大部分的人都屬於「防衛型悲觀主義者」，包括準備工作和工作調度在內，學習正確的步驟安排方式，自然有助提高目標成功率。

了解自己是哪種類型，才有成功的人生

順道一提，我是一位道地的「防衛型悲觀主義者」。

對於所有事，從來不會毫無根據地認為「沒問題吧」，任何事都要仔細地調查到自己滿意為止，邊測試邊選擇取捨，同時安排步驟。就如同我在前言裡提到自己對後背包的選擇，從這一點就可看出我是典型的這種類型。**愈是調查、愈是比較，愈能讓自己安心**，很久以前就有很多人認為「DaiGo 是個奇怪的傢伙」。

不過，正因為過往的這些累積，今天的我才能基於科學的根據，出版不同領域

你屬於哪種類型？

防衛型悲觀主義者

任何事都要調查到自己滿意為止，做好萬全準備。

↓

以正確的步驟安排往成功靠近

戰略型樂天派

就算沒根據也認為「沒問題」，不過多思考，立刻行動。

↓

藉由嘗試和錯誤往成功邁進

的書籍。老實說，我立下「自己將來想要成為怎麼樣的人」這樣的目標，並花了十年時間才有今天的成就。

反向而言，過去十年我之所以能持續改變，最主要的原因在於，自己是很容易不安的「防衛型悲觀主義者」。

對任何事容易產生負面思考的人，如果給他「積極地反覆嘗試挑戰和錯誤」這樣的建議是沒意義的。這是遺傳基因決定的傾向，想要後天改變非常困難。

大多數日本人屬於防衛型悲觀主義者，**需要時間事前準備，學習朝目標邁進的正確的步驟安排方式**。那樣的話，才可能有成功的人生。

接下來，我會一一說明計畫不失敗的七個技巧。

14 技巧❶利用「if-then 計畫」原則，隨機應變

善於步驟安排的第一個技巧，就是「if-then 計畫」。這是由九十四項學術研究證實為最有效且**最強的步驟安排技巧**。

「if-then 計畫」顧名思義，**就是事先決定「如果（if）發生 X，就做 Y（then）」**，對於行動有疑慮的我們，這個技巧會推我們一把。

舉例而言，「週一、週三、週五的早上起床後（if）、拉筋運動（then）」、「起完澡後（if）、做伸展體操（then）」、「如果工作中開始看 SNS（if）、只能看五分鐘然後繼續工作（then）」等，事先擬定計畫，並列表。

如此一來，個人的行動就與意志力無關，會主動去做，所有事情將如事前安排的進行。

實際上，在一個測試「if-then 計畫」效果的實驗裡，出現以下結果。「每週一、三、五，在上班工作前的一小時在健身房運動」，做了前述決定的受測者有九一％，在幾週之後仍持續上健身房；相反地，沒有做任何決定的受測者，有六一％放棄上健身房。

「if-then 計畫」要如何具體規劃，方法如以下所列的步驟。

想要學英文

1. 想像事先安排的計畫就快無法實行

・因為工作忙碌，睡前找不到時間學英文。

・總有推不掉的聚餐，喝得爛醉回家後，完全無法專注學習。

2. 請思考如果出現「1.」的狀況時該怎麼辦

・在公司加班後搭末班電車回家、或應酬續攤到午夜才回家，請在回家後立刻上床睡覺。以確保隔天早上有時間學習英文。

・有應酬的日子，在應酬前就先找時間念英文。

3.「2.」所決定的對策以「if-then 計畫」的形式進行

・如果午夜才回家，就選擇隔天早上念書。

・如果要去應酬，就在應酬前念英文。

提前準備善後對策

重點在於，**想要達成的目標一定要有成為契機的條件**。當事先安排的計畫就快無法實行時，或因為第三者的影響，使行事曆產生延誤，都可以用該項對策。

「如果下午三點前無法整合好資料，就暫停其他所有工作，先處理最重要的事情。」

「如果接到較難應付的客訴時，要先深呼吸。」

「如果事情依照事前安排進行時，當同事需要幫忙，只能幫他五分鐘。」

如果我們無法決定「什麼時候要做什麼事情」，行動是很難持之以恆。其實，「if-then 計畫」非常符合「防衛型悲觀主義者」的個性，因為這類型的人很容易將所有事情陷入悲觀的預測，「如果做了什麼事情……該怎麼辦……」

對於被預測到的失敗，若能採取「如果失敗的話，就採行計畫B」這樣的行動，提前準備善後對策，你所擬定的計畫將不會那麼容易失敗。

最強的步驟安排技巧「if-then 計畫」

❶ 想像事先安排的計畫就快無法實行

❷ 請思考如果出現①的狀況時該怎麼辦

❸ 將②所決定的對策化為具體形式

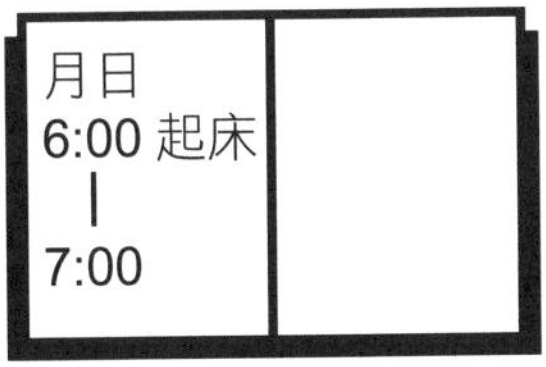

15 技巧❷想像最糟狀態，達成率更高

第二項技巧是「**想像最糟狀態**」。**這是善用充滿不安感的安排，提高成功率的技巧。**

對「防衛型悲觀主義者」而言，周密的步驟安排要如何有正向效果，可從美國心理學教授諾倫的研究得到清楚的答案。

「防衛型悲觀主義者」的受測者，在玩丟飛鏢的遊戲前，分別抱著「一定會命中紅心！」這種積極想法，以及「說不定會射到飛鏢盤外面！」這種消極想法，沒想後者的命中率竟然有三〇％。

而且還出現消極的想像愈具體、愈詳細，命中率愈高的傾向。

從這個實驗結果，博士建議「防衛型悲觀主義者」的人，應該要採取「想像最

糟狀態」的戰略。

所謂「想像最糟狀態」是指，想像可以預測的最糟情況。舉例而言，「無法在期限內完成工作」、「考試當天睡過頭，起床時考試已結束」、「原本應該是快樂出遊，卻忘了帶護照」等，腦海裡浮現的是幾乎不可能發生的最糟情況，為了避免悲劇發生，要擬定對策。

藉由擬定詳細的過程，達到消除不安全感的效果。也就是說，這是最糟情況專用的「if-then 計畫」。

「防衛型悲觀主義者」面對重要考試或在面試前，會仔細思考考試類型或面試問題，也會假設如果途中發生問題該如何處理，進而得到好的結果。

無疑地，周密的步驟安排對「防衛型悲觀主義者」而言，可說是最棒的戰略。

相反地，「戰略型樂天派」的人因為事前不會考慮太多，成功率因此下降，不願專注於考試或面試內容上，而是採取輕鬆態度。他們自認為無須過度擔心，只要想像自己能成功並靠著臨場反應得到好結果。但看在消極的我們眼裡，雖然會替他們感到擔心，卻也是讓我們相當羨慕的戰略。

製造藉口是自我妨礙的陷阱

適合不適合這是無可奈何的事。只要是「防衛型悲觀主義者」，都一定會採取周密的對策。之所以會這樣，是因為一旦疏於努力，內心的不安就會產生負面作用。

舉例來說，相對於「想像最糟狀態」，如果不描繪出明確的處理方法，內心的不安會一直膨脹，不知該如何是好。

如果是即將在會議上提出企畫案，「萬一講得不好怎麼辦……」情緒陷入莫名的不安裡，將重要內容忘得一乾二淨。這時，「一旦資訊不齊全時，有備份在這裡」、「會場的螢幕要是無法播放，處理的對策是什麼」等，專心於具體且鉅細靡遺的準備。依照會議進行的順序擬定對策，讓心情逐漸平靜下來。

「防衛型悲觀主義者」要注意，不要掉入「自我妨礙」這個陷阱裡。自我妨礙是指考試前突然熱中打掃房間，縮短念書的時間等，事先替自己的失敗找藉口的行為。這也是內心的不安全感無法順利透過事先安排而消除時，所產生的反應。

「防衛型悲觀主義者」因為不安，而懂得事先安排。盡可能具體思考最糟情況，將該對策數字化或SOP化，藉此讓內心的不安化為正向力量。

愈放任不安，愈想逃避現實

出現了以下的實驗結果。

某個測試，分成三個小組進行。

第一個小組寫下：「只要將學會的部分加以發揮就沒問題」、「大家一定會考上」等積極的口號後，參加了考試。

第二個小組在考試前，將「名落孫山的話該怎麼辦才好」、「要是沒準備的部分考出來，該怎麼辦才好」等不安心情老實寫在紙上後，參加了考試。

第三個小組則是什麼都沒做，就這麼參加了考試。

唯一考出好成績的，是考試前寫下自己的不安和恐懼的第二個小組。這是「防衛型悲觀主義者」的特徵。

防衛型悲觀主義者將內心的不安或恐懼寫成文字，並願意去面對，進而轉換成了力量。

相反地，愈是放任自己的不安或緊張，愈有可能想逃避現實。

因此，我經常會將自己負面的情感化成文字，事先準備好因應對策。這個辦法我個人非常推薦。一旦化成文字，大腦的前額葉就會開始作用，提高專注力，控制消極的情感。

對大部分屬於「防衛型悲觀主義者」而言，「假設最糟狀態」是非常有幫助的技巧。

想像最糟狀態對策法

失敗的
話該如
何是好
很難懂
徹底地
事前準備
發表企畫案失敗時的對策
● 如果忘記演講內容
➜ 深呼吸後看一下事先做好的演講摘要
● 如果會場螢幕故障
➜ 在事先分發的資料裡寫著重要事項

詳細規劃失敗時的對策

16 技巧❸別只靠意志力

有人說人類靠著意志力抵擋外來誘惑的可能性為五〇%。這麼說來，相信能靠意志力來安排的人，很可能會出現每兩次就有一次的失敗。

第三個技巧是不靠著意志力的安排。以「心理對比」加上「預先承諾」，這樣的組合也是一個技巧。

所謂的心理對比是指，將「目標達成時的優點」和「阻擋目標達成的問題」進行比對。具體而言分成以下四個步驟。

步驟1 寫下正面效果

如果今天自己達成目標，會出現什麼樣的正面效果，將答案寫在紙上。隨心所欲地思考，並將自己想到的答案寫下來。

舉例而言，如果你的目標是「會開口說英文」……

- 就能和外國人交談。
- 公司內的評價會上升。
- 出國旅行會變得輕鬆。
- 可能會很受外國人的歡迎。
- 可以到海外工作。
- 對英文的自卑感會消失。

步驟2 選擇自己最感興趣的優點

從步驟1所舉例的優點中，選擇一個對自己最正面的方式。至於該選擇哪個？請試著在腦海裡想像每個優點，選擇那個最能讓你感到興致勃勃的那個。

這時候，當選擇的一個優點被實現時，會成為什麼樣的自己呢？周圍又會出現什麼樣的反應呢？想要採取什麼樣的具體行動？仔細在腦海裡描繪一次，心理對比的效果會大增。

步驟3 寫下會出現的問題

與步驟1相同，這次腦海裡所想的是：「為了達成自己現在的目標，會出現什麼樣的問題？」將想到的答案逐條寫下來。

・厭倦學習英文。
・工作變忙碌，沒時間上英文會話補習班。
・自中學時代開始就對自己的英文沒自信，中途遭到挫折。
・因經濟問題，沒有多餘的錢繳學費。
・學習初期投入過多熱情，很快就後繼無力。

步驟4　選擇最可能發生的狀況

從步驟3所舉出的問題中，選擇很可能會發生的一項。將每一個問題都具體化的想像一次，選擇最可能發生的那個狀況。與步驟2的做法相同，將該問題發生的狀況、發生當時自己的反應、周圍的看法等，盡可能仔細想像，將會更具效果。

前述就是「心理對比」的四個步驟。

逐條寫下並加以想像，如此簡單的方法，為何會有效果？這其實與「幹勁」無關，只要腦子想著「應該可以辦到」就能做到。我們的大腦不太能區別想像與現實之間的差異，仔細在腦海描繪目標達成的狀態，讓大腦產生現實上是可能實現的錯覺。

不過當行動在步驟1和步驟2的情況下結束時，滿足於積極想法的大腦會誤以為「辦到了」、「完成了」，此時會產生不願採取實際行動的副作用。

因此，想像步驟3和步驟4的問題，自然格外重要。

想像可能妨礙目標達成的問題，並具體認識該問題，大腦就會同意「如果克服這個問題，就會得到很大的好處」。這與意志力無關，而是描繪一張為了達成目標的路線圖，並且能化為實際的行動。

步驟5 準備事前對策

為了更加提高「心理對比」的效果，作為第五個步驟，必須再加上「預先承諾」。化為行動，當問題真的發生時，受到強烈誘惑使原本的安排無法實現時，必須要事先擬定對策。

・工作變忙碌，沒時間上英文會話補習班。
◀ 以網路授課方式，利用早晨時段上課。

・學習初期投入過多熱情，很快就後繼無力。
◀ 在初期階段尋找一起學習的夥伴。

・因經濟問題，沒有多餘的錢繳學費。

◀透過SNS結交外籍友人，創造可以免費學習的狀態。

面對問題時，「得要想辦法解決」、「再這樣下去不行」、「一定要拿出幹勁才行」等，別想以意志力克服問題，而是事先就要準備因應對策。想像有哪些事會阻擋目標達成，事先規劃出迴避的路線。

心理學上將這樣的事前對策，稱為「**預先承諾**」。

舉例而言，如果不打破就無法把錢拿出來的陶製存錢筒，是「妨礙存錢，想亂花錢」的預先承諾。減肥過程中，「為了滿足很想吃零食的欲望，事先買好果仁」，這也是一種預先承諾。

如果需要花費較長時間才能達成目標時，我們一定會面臨某些問題，或是某些強烈的誘惑，導致自己亂了步調。

這時候，如果憑「不可以」、「忍耐克服一切」之類的意志力來抵抗，成功的機率只有五〇%。最後得到成果的人，他們不是靠意志力辦到的，而是借助事先的安排和習慣的力量。

他們只有在設定目標時，才會使用意志力。

根據我們的印象，火箭的發射和返回是相同的。關於這一點，如果你看過描繪阿波羅十三號的電影，自然就會了解。其實，火箭只有在繞月球一周之後、返回地球之際，當要穿越大氣層外時使用引擎。在那之後，則是採取慣性移動，靠月亮引力，當再度出現能返回地球的好角度時，使用少許能量就會改變軌道。

請代換成意志力等於能量產生的推進力。

若安排步驟時，也經常使用意志力這樣的能量，恐怕會斷氣。

確立新的目標或想要養成某個新習慣，一開始需要使用意志力，化為具體步驟時運用「心理對比」＋「預先承諾」，就不會感到疲憊，能順利轉為行動。

事情不順時的事前對策
「預先承諾」

減肥中對點心的誘惑感到苦惱

↓

事先買好「堅果」

17 技巧❹滿足三C，讓你有主控權

第四個技巧是**仔細想像步驟安排的手法，以滿足三個C的技巧**。

我在第一章已經跟大家說明擁有「標準」來計畫的重要性。對於自己所進行的每項作業，都必須知道會花多少時間和勞力，以此為標準來安排行程，藉此杜絕不必要的浪費，有效率地安排或規劃行程。

相反地，如果沒有標準就計畫或規劃行程，肯定會出現與現實不符的差異，事情自然無法順利進行。

首先，每個人都要擁有自己的標準。為了配合想要達成的目標，仔細安排，最終才會有好的結果。

根據一項與幸福有關的研究，**人的幸福感與自己能掌握多少自己的人生成正比**。

自己所擬定的步驟愈是有幫助，幸福感愈會增加。

美國愛達荷大學曾針對八百位民眾的休假，進行研究調查。

根據這項研究結果，認為自己可以隨心所欲安排休假節目的人，幸福感比較高，喜歡挑戰新事物的人，也比較容易感到幸福。

相對地，即使放假也不會特地擬訂計畫，隨隨便便打發的人，幸福感比較低。但一樣是在家裡無所事事，做出「這個週末要在家裡放空」這樣決定的人，在安排就緒後實際去做時，幸福程度會變高。

依照自己決定的步調生活的人，較有幸福感。

此外，愛達荷大學研究小組也介紹幾個讓假日幸福感長期持續提升的方法。

通常，假日獲得的幸福感、健康方面恢復精神的效果，大約兩週就會消失。但只要**經心擬定計畫、好好安排休假日，這個效果可以持續八週。**

度過一個充實假日有助提升熱情，讓工作更有效率，得到一個好的成果。這樣的循環一旦開始，就能獲得必要的金錢，足以度過美好的假日。

每兩個月一次，依照自己的安排來放假，休假帶來的效果將會持續，我們就能過著幸福的日子。

懂得安排休假，人生幸福度提升

研究者認為幸福度增加且持續的休假方式，以下三個C是很重要。

C＝Challenge，挑戰

C＝Controllability，可控制地，依照自己所想的來度過

C＝Careful Planning，周密的計畫、安排行程

一聽到挑戰，可能有人繃緊神經，但其實不需出遠門。試著在家做些自己沒做過的料理也是一種挑戰，大掃除、變換家裡布置、一口氣看完外國影集等，這些都是挑戰。

重點在於這些事對你是新鮮的，而且要事先安排，不被打擾地進行。

其結果就是，一旦滿足三個C時，幸福度就會增加，幸福感就會持續。**發揮自己的想像力、擬訂計畫這件事會刺激前額葉，實行擬定的計畫滿足與幸福度有密切關係的可控制性。**

儘管如此，但如果塞了過多的安排，反而會得到反效果，這點必須要注意。一旦自己擬定的計畫不如預期，反倒會成為壓力的原因。

煮飯時間如果設定一小時，用餐之後隔著一段什麼事也不做的時間。外出旅行時，在時間許可範圍內規劃幾處名勝古蹟，切記行程安排勿過度緊湊，讓自己太過疲憊。像這樣規劃確實可達成的步驟，藉此獲得成就感。

最重要的是，**能如自己預先規劃度過充實的一天**。一旦塞入過多的行程，事先的規劃就會失敗，而且也浪費先前計畫的時間，就這雙重意義而言，無疑是浪費難得的假日。

因此就意義而言，擁有自己的標準會讓自己的計畫有個好的開始。

控制一整天的行程，找回人生主導權

藉由假日的行程安排，提高了自己的幸福感，接下來進一步，試著在工作方面也擬定可控制的工作流程。如果順利，工作日也能享受和假日一樣的幸福感。

除了少部分商業人士，大多數人的工作會受周圍環境很大的影響。**突然的會議或在走廊上站著聊天、來自顧客的抱怨等，處理這些預期外的事，不知不覺一天就過了，慘的是完全不知道自己這一天做了什麼**，像這樣的經驗恐怕大家都有。

反覆過著前述日子的同時，也感受到想發揮可控制的努力成了泡影。不知不覺會認為，配合周圍環境，讓自己的步調更具柔軟性的做法才是對的。

事實上，**被動的時間安排對你自己而言，會是一個大壓力，也是生產力下降的原因。**

至少「今天一整天的行程是自己可控制的」，**請保持這樣的意識。為此，每天早上花十分鐘左右，思考這一天的工作行程要如何規劃、安排。**

抵達公司後，一開始要從哪裡開始做起？要以幾點為目標完成工作？下一個著手的工作是什麼？在早上判斷力最高時，規劃自己一整天的行事曆，為自己掌握每一個今天做準備。

一開始，工作可能無法依照自己規劃的流程進行，或許會產生徒勞無功的感覺。開始做某件事會與新習慣的養成有關。至於行事曆的細節，我將會在第六章說明。如果養成行程安排的習慣，一定可以找回掌握人生的感覺。

每天早上花十分鐘思考
控制一整天的行程

AM 7：45 出門上班
AM 8：45 開始工作
AM 8：50 開會
AM 9：00 與人有約
⋮
PM 1：00 訪問 A 公司
PM 3：00 訪問 B 公司
⋮
PM 6：00 下班
PM 6：30 聚餐
⋮
PM 10：00 到家
PM 10：30 閱讀
PM 11：00 就寢

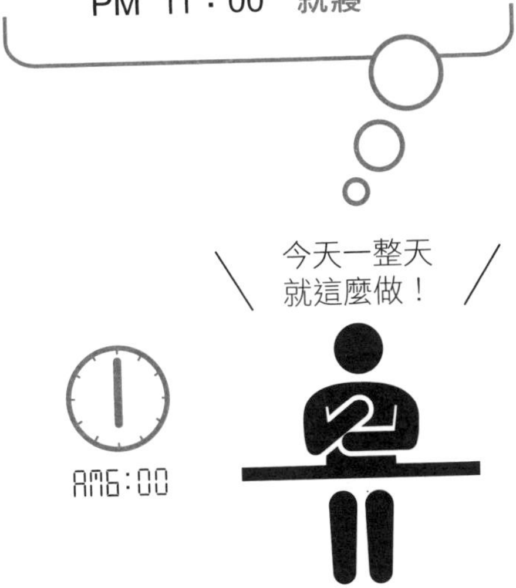

18 技巧❺ 把行動的過程視覺化

自己安排的行程能順利進行，必須要根據自己的標準，絲毫不勉強地擬定周密的行程。儘管知道「這樣是理想」，但多數人總是很難習慣新做法。

我要為大家介紹的第五項技巧，能有效讓行程安排變成一種習慣，那就是「**過程視覺化**」。

視覺化（Visualization）是積極心理學上，經常出現的單字，**意思是藉由想像積極性，以提高目標達成率**。誠如我在第二章提到的「MAC原則」+「疑問句型的自問自答」，光是正面思考，並不能取得好的成果。

實際上，美國加州大學針對具有效果的視覺化做了實驗，並發表以下結果。研究小組讓參與實驗的學生分成兩個小組進行視覺化。

第一個小組在考試前，他們想像著「應該會及格」、「應該會成功」這樣的正面結果來參與考試。這在積極心理學上是屬於好的視覺化方式。

另一個小組則是視覺化了考試之前的過程。

想要有正面的結果，必須要有哪些準備哪？又有那些要素會成為阻礙呢？

考試的結果，第二組、也就是過程視覺化的小組成員分數較高。

集中精神努力學習的話，會降低對考試的不安，考試時得以完全發揮實力。

相反地，第一組受測者滿足於自己考上的想像，過程中未能發揮自己的能力。

另外，針對考試所安排的學習計畫，在成為習慣前「要是落榜該怎麼辦」這樣的不安會成為焦點，導致無法集中精神學習。

換句話說，**有效果的視覺化，應該是想像過程。**

想像過程的視覺化最具效果

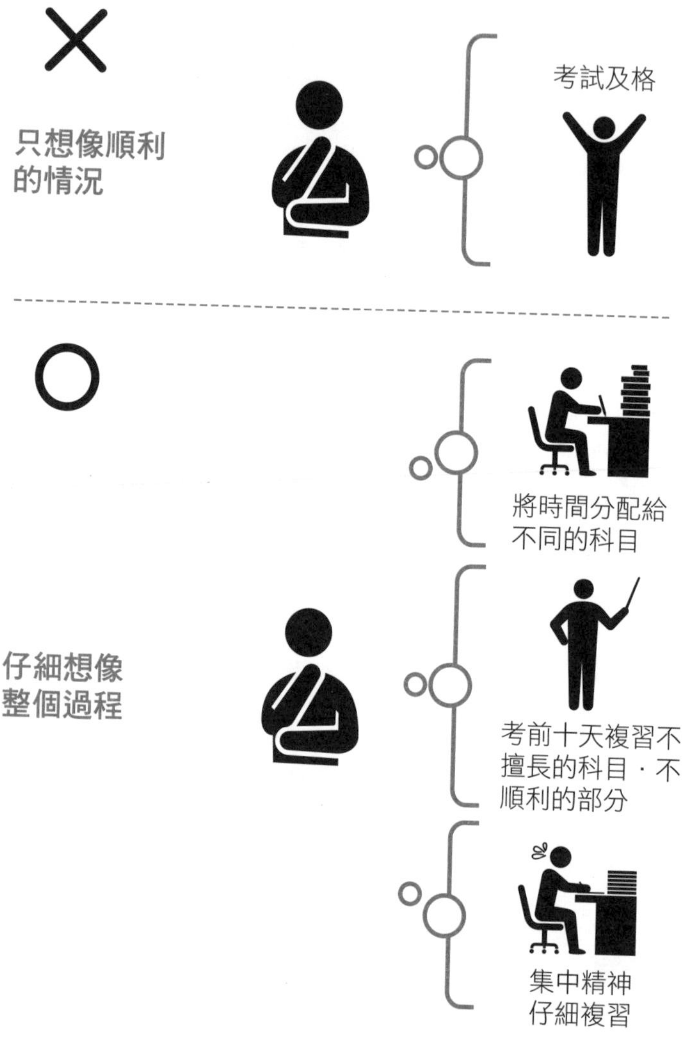
×
只想像順利
的情況
考試及格
○
仔細想像
整個過程
將時間分配給
不同的科目
考前十天複習不
擅長的科目．不
順利的部分
集中精神
仔細複習

只計畫結果還不夠，還要有過程

我在擬定一天的行程時，會使用想像過程這個方式。

舉例而言，「早上起床後看一本書」，焦點放在結果。

但其實不是這樣的，「早上起床後，立刻站上踏步機」、「一邊踩踏步機，同時把書翻開」、「持續踩二十五分鐘踏步機，看二十五分鐘的書」、「踩完踏步機，書也看完了」，應該要這樣。

如果寫下了「看一本書」，因為難以想像這樣的過程，對流程安排而言是不充足的。「早上起床因為還想睡……」基於前述的理由，在還沒養成閱讀習慣前，就已經放棄了。

相同地，如果你為了今後的工作，必須加強英文會話能力。這時你如果將「每天最少學三十分鐘的英文」設為目標，事實上我可以斷言，你幾乎不可能徹底執行。

關於目標，你必須更仔細想像中間的過程，比方說「回家後，立刻走到書桌、放下包包、換好衣服、直接就座、打開書本」、「設定計時器，學習英文三十分鐘」、「吃完早餐後立刻坐在電腦前」、「在事先簽約的網站上三十分鐘線上英文課」，擬定流程時，必須將這些步驟納入才行。

利用自拍，幫助想像過程

順道一提，如果無法順利想像過程，那就打開手機的相機功能。

接著「回家後直接走到桌子放下包包，換好衣服後直接坐在位子上，打開英文書」、「設定計時器，學習英文三十分鐘」、「吃完早餐後，立刻坐在電腦前」、「在事先簽約的網站上三十分鐘線上英文課」，實際做上一次，將整個過程以自拍的方式錄下來。

這時候，「現在抵達玄關」、「放下包包」、「接著換衣服」、「現在吃完早餐了」、

「打開電腦」、「今天我想要和○○老師以英文談論足球冠軍聯賽」等，以這樣的感覺實況轉播。

從隔天開始，在回家之前、早上起床之後，看自己拍攝的這段畫面。**如果不擅長想像和將過程以文字寫下來，可以透過自拍畫面的方式，幫助自己想像過程。**

自拍的想像過程，其實也可以用在強化「MAC原則」的「A=Actionable行動可能性：可正確掌握目標，將目標達成的過程明確地寫下來」這個部分。

將執行過程拍攝下來，在設定目標時，能更明確地相信自己正在做的事是真的可以實現。

19 技巧❻ 事先計畫挫折的放假日

第六項技巧是「事前計畫挫折的放假日」。

想要藉由長期規劃進行減肥、應付考試和企畫工作時，維持動力最有效的技巧是「放假日」。

簡單來說，事先排進預定的「放假日」。過於緊繃的行程持續一段時間後，某一天那根緊張的線會突然斷裂，這個做法可以抑制出現「管他的效應」這樣的強烈反抗行為。

我在第一章曾提到的三個誤解當中，有一個是「沒先計畫挫折」，而這項技巧也可當作該項誤解的具體對策。

重點是，不該在當天早上做出了「今天沒有幹勁就休息一天」的決定，而是事

先決定「這一天要放假！」，在行事曆裡排進放假日。

這是葡萄牙天主教大學所進行、與減肥有關的實驗，參加者分成以下兩個組別。

1. 每週選一天放假，控制卡路里兩週。
2. 控制卡路里兩週。

如此一來，**刻意安排放假日的那一組參加者，不光是減肥成功，同時在減肥期間也能感受到樂趣、提高減量的動力。**

研究者認為，放假日對於減肥以外的習慣養成也很有幫助，「持續抑制特定的行為或習慣，終將會出現『很難抗拒的衝動』。這項衝動將會破壞自己的控制能力，妨礙習慣的養成，導致事態比以前更為嚴重。」

因此，根據減肥的放假日實驗資料，我認為放假日有助於有效的自我管理。規劃放假日，並納入自己的行事曆，就能避免妨礙新習慣養成的「自暴自棄」。

放假日是為了預防「放棄」而「做」的事前準備

在其他的實驗裡，對一組參加者傳達「放假日的效果」，而不對另一組參加者提及，採用各自訂立的新習慣去挑戰存錢或運動，得到的結果是前者成功率較高。

藉由這些實驗，**我們可以知道放假日的頻率，大約是每兩週一次，占全體活動量的一五％左右最恰當**。如果是要持續減肥，每兩週有一天可以不用在意卡路里，吃任何自己愛吃的食物。如果是想要存錢，可以毫不在意的花錢，如果是工作，那就不要看郵件，也不要打開電腦。

放假日就是讓自己從束縛中解放的日子，或者可以當作徹底休息的日子。

像這樣事先**「計畫挫折」，「努力直到放假日為止」，藉此保持動力，根據自己所擬定的計畫，就能持續努力或節制**。

面對失敗或挫折時，要採取什麼行動，最好事前做好準備，這樣是最有效果的，如果將「放假日」這樣的「偷懶一下」並用，將會更具效果。在擬定的計畫中，放假日占一五％是恰當的，光這麼想心情就會變輕鬆。

事前決定的放假日

每天一定要跑步

↓

決定○月○日是放假日

盡情在家裡耍廢

20 技巧❼減壓的倒推計畫

最後，第七個技巧是「**倒推計畫**」。

擬定計畫或安排行程時，如果從目標往現在的方向設定計畫，達成率會因此提高。而這個技巧就是基於這項研究來的。通常，眼前發生的事容易吸引我們的注意，基於這個弱點，擬定的計畫就會無法實現。而這個技巧將會避免這樣的悲劇發生。

舉例而言，八月將有一個攸關公司未來發展的企畫案要發表，或是有一場必須取得合格的資格考試。

通常，你會如何朝目標擬定計畫？

如果現在是四月，五月前進行事前調查、六月前進行市場調查、七月中完成企畫案的資料……以現在為起點分配任務，這種方式稱作「事先計畫」。

想像一下大考前的衝刺，應該就會比較容易了解。如果在數個月前以事先計畫的方式，朝大考擬定讀書計畫，或許在某個時候會出現「還有很多時間，所以沒關係」這樣的想法。

另外，我們很容易出現「偏向現在」的想法，**會認為眼前的事較為重要，而將真正重要的事往後挪**。

因此，以事先計畫的方式分配任務，當面臨眼前的工作、或私人的重要事情時，往往會以後者為優先，等到驚覺時，進度已遠遠落後於行事曆。

最後最重要的是，「幾個月後的事……」很容易被忽略，優先處理眼前的事。結果，占用了預期外的時間，任務也未能完成執行，只好向工作品質和數量妥協，行程的後半執行動力也會下降。

這正是正式開始前、大考前、工作截止日前，大喊「沒時間！」著急的原因。

相較於此，「倒推計畫」是指「為了讓事情順利成功，在八月時要……」等，**從目標倒推往後算分配任務的方法**。

七月整理企畫報告案的資料、模擬企畫報告，確認不足的部分。為此，六月底前要結束市調作業，五月時要蒐集資料，用於擬定調查內容。

儘管分配工作沒什麼改變，但從目標倒推來算，「資料可能會不足夠」、「市場調查出現超乎預想的結果」、「模擬企畫報告出現重要的瑕疵」等，將預想到的問題排進計畫裡。

在美國愛荷華大學的研究裡，得到的結果是，「倒推計畫」比「前方計畫」目標達成率更高。特別是**還得到如果目標達成前的步驟相當複雜，採用倒推計畫的話，有助提高動力，壓力也會減少**的結果。

那是因為當我們進行倒推計畫時，自然而然在擬定計畫時，把目光焦點放在「企畫發表」、「大考」等最重要的時期。**為了要在最重要的關鍵時刻發揮實力，必須保留點餘力。因此，提前完成任務的強制力就會產生效果。**

以輔助計畫防止動力下降

為了讓「倒推計畫」能更有效發揮，還需要一個能大加分的技巧，就是「輔助計畫」。這是一個能完美利用動力上下震盪的技巧。

基本而言，當我們開始某一件事，動力相對較低，等到事情愈接近尾聲，動力會愈來愈高。簡單而言，**任何的計畫一開始，也是很難付諸行動，等到漸漸看到目標時，腳下的步伐會愈來愈輕快。**

因此，像「前方計畫」這樣決定每個任務，做了這個、做了這個、做了這個之後，會愈來愈靠近目標。而這樣的安排，要踏出最先的第一步，是需要花點時間。

為什麼我會這麼說，一旦認定只有一條道路可以通往目標，心情就會變得格外沉重。

而這時「輔助計畫」就可派上用場。與倒推計畫結合在一起，「到這裡為止只要能做到這個程度即可，為此方法有A和B和C」。像前述這樣，將完成任務的方

從目標往前推算的倒推計畫

8 月○號 要在 A 公司發表企畫案

7月
預先模擬
企畫發表

↓

6月
市場調查

↓

5月
蒐集資料

採用倒推計畫提高動力

式準備好幾個計畫，如此一來，心情自然不會沉重，腳步也變得輕快。

舉例來說，如果立下了要在東京馬拉松登場前鍛鍊身體的目標，而最終目標是要有足夠體力跑完全馬。

於是決定每天要跑三十分鐘，「今天身體無力」、「外面下雨」等，當面對一些妨礙持續自我訓練的要素時，自然容易產生挫折感。

為此，「一天跑三十分鐘或是十五分鐘的拉筋、又或者是三十分鐘的伸展訓練……」準備多個選項，讓這項鍛鍊計畫可以持之以恆，直到自己真的養成鍛鍊身體的習慣。

這就是所謂的輔助計畫的效果，什麼都不做的日子自然會不見。

輔助計畫有助振奮精神和養成習慣，一旦愈靠近重要的日子，只要把任務集中在一件事情上。如此一來，專注力變高，自然地動能也會提升，得到希望的成果的可能性自然也會大增。

付諸行動，成為自己的習慣

到目前為止，我在第三章介紹了七個技巧，讓事前準備、步驟安排、行事曆規劃等步驟能順利進行。當然前述七個技巧，想要全都試試也可以，又或者選擇適合自己日常生活的幾個技巧也沒問題。

最重要的是，當你閱讀此書發出贊同之聲後，一定要起而行。**一個也好、兩個也行，請付諸行動、身體力行。**

只要隨時提醒自己，任何事都要自己親身體驗，如此你的人生肯定會有改變。我在這一章所介紹的七個技巧，都是有根據而且我也親身實踐，的確效果顯著。

這些技巧是否合適，只有你自己最清楚。大多數的人對他人所講的「好」東西，其實不是太清楚好在哪裡，只會嘴上說好而已。

閱讀過程中覺得「很不錯」的技巧，如果不身體力行嘗試看看，自然不會知道是不是真的「好」。**為了不後悔人生的選擇，任何事都要自己去判斷。**七個技巧中，如果能有一個或兩個成為自己的習慣，你的安排能力肯定會往上提升。

第 4 章

讓計畫失敗的四陷阱

21 找出引發計畫失敗的「缺點」

花了足夠的時間，同時針對容易發生的事態擬定出應對計畫，卻老是中途就走樣，變得慌慌張張。

明明就是一個游刃有餘的計畫，最後時間上卻沒能緩衝，比起品質只能顧到把事情做完。

在事前準備的階段，擬定的計畫被公認是完美無缺，但事實上當計畫開始進行時，卻連續發生不如預期的事，導致計畫窒礙難行。

像這樣無論是在工作上或私生活裡，都曾發生「應該是完美無缺的，最後卻是大失敗收場」如此強烈的體驗，「應該要很順利的，卻是匆忙結束」、「最後的結果並非如期待的那樣」，像這樣虎頭蛇尾的經驗，我想每個人都能說出一、兩個。

為什麼擬定的計畫無法順利進行？

在第四章，我要介紹會使事前準備、步驟安排、行事曆規劃，無法產生想像的效果，甚至是虎頭蛇尾的「四個陷阱」和因應對策。

如果你已有前述我所舉例的困擾，建議你先順著本章重點，重新思考自己擬定「事前準備、步驟安排、行事曆規劃」的做法，然後再嘗試我在一到三章所介紹的觀念和技巧，有助於你規劃出更好的安排。

從現在的做法中，找出隱藏的「缺點」，以實踐更完美的事前準備、步驟安排、行事曆規劃。

或許重新思考後，你會發現「原來是因為這樣的處理，才不順利」，因而陷入自我厭惡的感覺中。

但心情沮喪是正視自己缺點的證據。排除失敗才能往前進，就這個意義而言，是有成長的空間。

22 陷阱❶ 用了達成率只有一成的方法

第一個陷阱是「使用的方法達成率只有一成」。

接下來，希望大家能挑戰一下簡單的檢測表。

二〇一〇年，英國心理學家理查德．威斯曼博士（Richard Wiseman）發表了與事前準備、計畫安排、行事曆規劃有關的研究成果。

他問數千位受測者：「為了達成目標，你會做什麼？」再針對受測者回答「為了目標達成做了什麼事」，藉此調查事前準備、步驟安排、行事曆規劃對受測者而言，是否具有真正意義的行為。

威斯曼博士的問題是：「效果佳的事前準備、真正有效果的安排，到底是什麼？」

該項研究的結果可以得知，**有效果的計畫安排和沒效果的計畫安排，會使目標達成率出現極大改變**。就好比如果是一字的螺絲，如果用十字的螺絲起子是無法鎖緊的，沒有效果的計畫安排，無論再怎麼擬定，還是無法達成目標。

因此，想要知道自己一直以來採取的事前準備、步驟安排、行事曆規劃的方法是否有效果，具有很大的意義。

在此寫出的十條項目（見下頁），是很多人回答「為了目標達成而做」的事前準備、步驟安排、行事曆規劃的技巧。你平日進行的事前準備、步驟安排和行事曆規劃當中，與下面十個項目重疊的技巧有幾個呢？

將完全相同或類似技巧的號碼圈選出來。

結果如何呢？

威斯曼博士在取得受測者的問卷後，又花了一年進行後續的追蹤調查。想知道這些技巧是否有助提高目標達成率。

結果得到了令人衝擊的答案，原來有一半的技巧完全沒效果，目標達成率約在一〇％左右。

為了達成目標的 10 個技巧

1. Step-by-step 進行準備
2. 參考達成類似目標者來擬訂計畫
3. 將自己的計畫告訴某人
4. 事先想像如果事情無法按準備的進行，事態會很嚴重
5. 想像事情如準備的方向進行，會有好的結果
6. 壓抑消極的想法
7. 每當接近目標時，就會給自己一個獎勵
8. 依賴意志力
9. 記錄進展的狀況
10. 想像目標達成時，人生會出現改變

這些技巧對計畫沒有成效

前文提到「沒有效果的技巧占了一半」，剛好就是前述的十個項目裡，偶數號碼的五個技巧。

2. 參考達成類似目標者來擬訂計畫。

4. 事先想像如果事情無法按準備的進行，事態會很嚴重。

6. 壓抑消極的想法。

8. 依賴意志力。

10. 想像目標達成時，人生會出現改變。

根據威斯曼博士的後續追蹤調查，使用這五個技巧的受測者，他們所設定的戒菸、減肥、工作面試、考試等目標達成率，僅有一〇%左右。

為什麼會得到這樣的結果？接下來我會針對原因簡單說明。

無效的技巧❶ 模仿別人成功的方法

參考達成類似目標者的這個方法，過去曾被廣泛實踐過。

從偏差值四十到考上明星學校窄門的考生體驗記；從困苦環境到成為優秀運動選手的金牌選手前半生自傳；創業家在國際市場上非常成功的經營書籍；克服一次又一次的失敗，終於減肥成功的模特兒自創的減肥法。

的確，學習某位在某方面很有成就的人物的想法或過去體驗，這樣的方式的確很多人都曾嘗試過。

但**將成功者的成功法則囫圇吞棗，模仿是不會提高目標達成率**。為什麼呢？達成目標的人通常有個傾向，就是對自己做過的事，很容易把印象深刻的經驗認為是有效的。

從客觀的角度來看，根本是沒有用的做法，但他本人卻深信這是支撐他成功的訣竅，甚至建議其他人這麼做。就學習者而言，「成功人士所說的應該是對的」，因而毫無抵抗的接受，甚至是模仿。

換句話說，因為成功者無法區分有效和無效的方法，因此就算依樣畫葫蘆，恐怕也無法獲得自己想要的結果。

舉例而言，當你聽說業界的傳奇人物、超幹練的營業員要傳授、「『一天登門拜訪一百次，持續三個月！』的個人祕笈，打造最強業務小組」這樣的訊息後，你的主管開始要求所有下屬必須做相同的事。

這樣的營業方式在沒有手機的日本經濟高度成長期，或許是有效業務手法。另外，要敲一百次門，這樣的試煉對業務員而言，的確是有效的鍛鍊方式。但在如今的時代裡，硬要採行這種做法，首先這個業務小組一定會崩壞。我不認為這麼做可以達成營業目標。

但深信不疑的主管恐怕在出現嚴重下場前，都會認為「成功者說的都是對的」。

又或者，有一位前輩對你說：「我使用這些保養品後，肌膚的狀況變好了。」大力推薦你自己目前使用的保養品。

幸好你具備科學知識，發現「前輩推薦的保養品，其有效成分的活菌塗在皮膚上，肌膚狀況會變好，但實際上保養品裡含有大量抗菌劑和防腐劑。有效成分的活菌，其實全都是死的，沒有意義。」

面對這位深信自己的肌膚是拜保養品之賜而變得光滑的前輩，你能否對她說：「那個沒有意義。」

前文的例子裡所提到的「主管」或「前輩」等第三者，客觀來看，相信大家一眼就看出「不能將他人的成功方式囫圇吞棗」。

但自己認為「就是這個！」時，為了強化這個想法，僅僅會蒐集符合自己心意的「確認偏誤」，就算相信的東西是假的，也甘之如飴的被折騰，這其實就是人性。

我的說法看似是在否定那些以某人的成功法為主題的商業書，但其實我只是想要大家謹慎確認書中內容是否客觀。贏得空前成功的A先生自創且身體力行的成功法，其實通常只對他一人有效。

無效的技巧❷只想到事態會很嚴重，只會更不如預期

如果事情的發展不如預期，情況會變得很糟。事先規劃的行事曆一旦混亂，會對周遭造成困擾。擔心事前準備變成白費工夫，所以會慎重地進行準備……

前述的每個說法都正確，但這些對目標達成沒任何效果。因為想像最糟糕情況，並事先做好因應準備，這完全是兩碼事。

舉例來說，「再這樣下去，事情恐怕會難以收拾！」提出這種警告的主管，他的目的當然是想利用危機感，提振團隊的士氣。但對於被警告的一方而言，他們只會想到「我們當然知道事情可能會難以收拾，身為老闆應該要告知如何避免事態惡化」，完全沒有產生主管預期的效果。

我們為了將自己的所為正當化，總是會不斷想出一個又一個新理由。

「主管沒有肩膀」、「原本擬定的行事曆本來執行就有困難」、「行程的安排有問題」等，當事情的進展愈接近難以收拾的地步，大多數的人就會開始想「事情到

今天的地步不是自己的錯」。不管再怎麼喊「糟了」、「糟了」，事情也不會好轉。

這時必須採取的因應對策是「if-then計畫」，「如果最糟糕的情況（if）X發生時，為了遏止事態惡化下去，要實行Y（then）B計畫」。

無效的技巧❸ 壓抑消極的想法

九八％的日本人都屬於「防衛型悲觀主義者」。威斯曼博士的研究是在英國舉行的，受測者中的防衛型悲觀主義者的比例比日本少。儘管如此「壓抑消極的想法，認為『自己辦得到』，以積極的想法達成目標」，但往往結果卻是事與願違。

在防衛型悲觀主義者占了九八％的日本，**抱持著「一定會有辦法的！」就算增加行動次數，但目標達成率卻不會提升**。因此要做的不是壓抑消極想法，而是要使用我已介紹過的「想像最糟狀態」，使之顯在化，遠離不安的威脅。

無效的技巧④依賴意志力

「依賴意志力」為什麼會沒有效果呢？我想答案大家應該都已經知道了。

誠如我在第三章介紹行程安排的技巧「心理對比」和「預先承諾」時所提到，靠人的意志力抵抗誘惑的成功率只有五〇％。

「我一定可以辦到」、「就理論而言我一定能在期限內辦到」、「不可以蹺班」、「只要忍耐一定可以克服」等，無論自己如何信誓旦旦，**但想靠個人意志力讓自己奮起，恐怕難以得到符合自己期待的效果**。

想要靠近目標、提高目標達成率，靠的不是意志力，而是事先的安排以及習慣的養成，這才是最靠得住的方法。

無效的技巧❺ 想像目標達成時，人生會出現改變

「減肥成功的話，人生會出現重大改變」、「取得這個資格的話，就可能過著穩定的生活」、「現在雖然很辛苦，但只要完成這個企畫案，自己就能脫胎換骨」等等，想像目標達成時，人生會出現重大改變，其實這個過程是很愉快的。

而且在當下的瞬間，也能感覺得自己的動力正往上提升。但就如我在第二章的「MAC原則」＋「疑問句型的自問自答」和第三章的「想像過程」中所說的，光靠正向想像是無法得到好的成果。

為什麼？因為我們的**大腦會描繪出獲得大成功的想像，藉此得到一定的滿足感**。

當我們看到連續劇裡的男主角以破天荒的方式，成功讓自己三級跳，連帶使電視前的自己也非常興奮，具有消除壓力的效果。但當節目結束，你的人生有因此出現改變嗎？連續劇終歸是連續劇，你的日常生活還是沒改變。

正面的想像，或是「人生就要出現好轉！」這樣程度的夢想，就像我們看連續

劇一樣，會產生一種雀躍的心情。用過於激烈的減肥方法，讓體重在短時間內顯著的下降，通常都會出現反彈。

如果真的想改變自己的人生，就必須擬定計畫，靠著好習慣持之以恆，這才是王道。只想追求一夜間改變人生的魔法，最終只是浪費時間罷了。

前述這些技巧就算認真執行，也對目標達成沒有任何效果。

或許多數人都容易陷入這樣的失敗中，請你在執行前再三確認。

有助目標達成的技巧和沒效果的技巧

╳

- 參考達成類似目標者來擬訂計畫
- 事先想像如果事情無法按準備的進行，事態會很嚴重
- 壓抑消極的想法
- 依賴意志力
- 想像目標達成時，人生會出現改變

○

- Step-by-step 進行準備
- 將自己的計畫告訴某人
- 想像事情如準備的方向進行，會有好的結果
- 每當接近目標時，就會給自己一個獎勵
- 記錄進展的狀況

23 陷阱❷陷入一切順利的錯覺

第二個陷阱是「**陷入計畫一切順利的錯覺**」。

一般而言，**將自己的目標告訴他人，比較容易達成目標**。實際上，在「陷阱❶」中介紹的十個技巧裡的、第三項就是「將自己的計畫告訴某人」，根據各式各樣的心理學研究，的確得到該項技巧對目標達成具有一定效果的結果。

為什麼會有效果？因為一旦說出口，卻沒執行的話，很容易給人「很隨便」、「靠不住」、「光說不練的傢伙」的印象。而且**如果告訴他人，而自己卻沒有採取任何行動，對方監視的目光自然會給自己帶來壓力，目標達成率自然會提高**。

想要產生這樣的心理活動，必須滿足某項條件。就是**知道你計畫的那個人，是跟你「感情很好的人」，而且是「值得信賴的人」，「在你做錯事時，會提醒你的人」**

或「對你而言，他的意見很重要的人」。

有時候，我們會在咖啡館或酒吧裡，跟鄰座的人聊自己的夢想、和同一個社團的夥伴、或在寺廟裡和同一個團體的人聊今年的目標，這樣做是沒效果的。

為什麼會這麼做？「初次見面」打完招呼，離開該場所後再次見面的可能性相當低，基本上，你根本不會在乎對方對你的評價，自然不會感受到來自對方的任何壓力。

「要是能這樣就好了」、「一定要讓夢想實現」等。當你告訴對方接下來想達成的目標時，一定是希望眼前的這個人產生共鳴，並對你說：「好棒啊！」或是對你說：「加油！」獻上祝福。

看到對方這樣的反應，會讓自己有好心情，產生一種自己已經開始往目標達成的方向前進的心情。

事實上，這是第二個陷阱。

朝目標進行周密的事前準備、擬定完美無缺的計畫、規劃可實行的行事曆等，並且將之告訴周遭的人，或與團隊成員共享，有時會得到反效果。

以為只要把目標告訴他人，事情就會順利

舉例而言，不知道你在工作或私領域，是否有過以下經驗？

・學生時代，以分組進行自由研究、報告為主的科目，儘管擬定了研究計畫，但最終還是趕在最後一刻才完成報告，報告之前，只剩自己辛苦努力著。

・和公司其他部門的同事組成一個橫向小組，參加新事業的提案競賽。由你取得主導權，擬定競賽前的流程，這應該是小組成員共同的責任，但除了自己，其他小組成員幾乎動也不動。

・與藉由相同興趣認識的朋友組成一個新的同好會，但集會到了第三次左右，大家的熱情開始消失，同好會也就慢慢破局了。

無論前述哪種情況，其實都陷入「告訴他人自己的目標，與對方分享，『事情就會進展順利』的錯覺」。

二〇一〇年，紐約大學一個研究小組發表了一項研究成果。

他們將一百六十三位受測者分成兩個小組，有一半的受測者將自己的目標寫在紙上，並在眾人面前發表，而另一半的受測者只是將目標寫在紙上，並不對外宣布。之後的四十五分鐘，每個人朝目標開始展開行動（準備資格考試、擬定事業計畫等）。得到了以下的結果。

「沒有說出目標的人」將四十五分鐘全都用在目標達成的活動上。

「說出目標的人」平均只花三十三分鐘就結束活動。

研究小組在活動結束後，對說出目標的那組人進行口頭詢問調查，「因為接近目標而得到了滿足」，做出前述回答的比例相當高。朝向目標的活動量減少，因為滿足度變高了。

無論是什麼目標，都應該有為了實現而做的事前準備、實行時應該採取的流程、應該遵守的時間安排，以及目標達成時得到的滿足感。但遺憾的是，**將目標告訴其他人，獲得他人的認同，其實是陷入宛如目標一定會實現的錯覺裡。**

避免產生計畫順利的錯覺

為了避免發生這樣的錯覺，有以下三個選項可選擇。

第一個是不告訴他人自己的目標。

另一個則是只告訴限定的對象。就算不把目標告訴他人，願意提供協助的第三者也不會增加。尤其是賭上自己人生的大目標或夢想，個人認為還是採取後者比較好。

對你而言，「值得信賴的人」、「在你做錯事時，會提醒告知你的人」或「對你而言，他的意見很重要的人」，當你把自己的目標告訴他們時，會出現一種正向壓力，進而產生促進目標達成的原動力。

第三個選項則是擬定周密的計畫，配合目標對外宣布。這一點以不限定告知的對象會比較有效。事實上，在日常生活中，我們經常可以遇到前述例子。關係不是太深的夥伴，想要完成某項任務時，請抱持我在第三章提到的「可視過程」或「將計畫顛倒方向採取倒推計畫」的意識。

周密的事前準備、細分流程步驟。以倒推計畫擬定行程，明確訂出每位小組成員應該負責的工作。如此一來，就可以避免小組成員在談及目標時，會產生一種「事情一定會順利」的錯覺。

選擇告知目標的對象

產生一切都會順利的錯覺

**把自己的目標告訴值得信賴的人，
自然會形成一股壓力，提高目標達成率**

24 陷阱❸ 搞錯目標

第三個陷阱是搞錯目標。

為了達成目標，自然少不了目標設定。

無論你多喜歡慢跑，但肯定不會想參加沒有終點的馬拉松大賽。又或者，無論是多麼優秀的商業人士，如果沒設定應該達成的業績目標，就無法發揮自己的能力。

為了達成目標，目標自然不可缺少。無論是事前準備、擬定流程步驟或規劃行事曆，目標都是必須的。儘管如此，目標設定的方式，可能會讓事前準備徒勞無功，或是讓流程步驟瓦解、事情無法依照行事曆的規劃進行。

目標設定是如此重要，一旦設定錯誤，會讓所有一切白費力氣。給了這個複雜問題明確答案的是哈佛大學商學院的研究小組。

他們在二〇〇九年，將先前進行過的幾個有關「事先目標設定」的研究，加以比較檢證，結果得到三種無法順利進行的目標設定。

設定的目標太過細節，反而讓動力下降

仔細確定目標的條件、數字、日期等，為了達成目標這是不可或缺的，但**設定的過於仔細，反而會導致動力下降**。

因為一旦目標的條件、數字或日期過於嚴密，恐怕較難應付狀況的變化。另外，**過於詳細的行程規劃或時間安排，會讓自己難以思考，萬一狀況或環境改變時，反應會變得遲緩**。

「做了之後才發覺有點不太一樣」、「或許還有其他更好的方法」，就算有了這樣的想法，但還是會堅守一開始的計畫，就如同公家機關的古板對應。

與其去想「為什麼想要達成該項目標」倒不如重視「目標達成」，目標設定的愈明確，就愈容易被束縛。因此要有B計畫、C計畫，可以隨時更換，保持彈性。

設定過多目標，無法做最重要的事

很多研究發現，一旦設定多個目標，人通常只會執行難易度較低的那個。最適合的目標到底是幾個，得視狀況而定，但盡可能少一點，這對目標達成較有利。

這一點和我在第一章提到的「待辦清單」是相同的問題點。當你寫下想做這個、想做那個時，設定多個目標的結果，通常會從最簡單的那個開始下手，而不挑選困難度較高的目標。

設定正確的目標

設定過多的目標

設定適當的目標

只有設定短期目標，容易怠惰

所謂的短期行為是指，一旦短期目標達成時，會產生一種之後什麼都不做也沒關係的現象。這與設定多個目標的缺點也有關，當你完成困難度較低且是短期的目標時，很容易出現「OK！OK！」的想法，遲遲無法出現下個行動。

經常用來解釋像這樣的短期行為的例子，就是「下雨天的計程車司機」。

因為下雨天乘客增加，計程車司機比起好天氣開車，更容易很快地達成每日的營業標準。假設每日的營業標準是兩萬日圓，一個月工作二十五天，就能賺到五十萬日圓的營業目標。

計程車司機一旦達到一天兩萬日圓的短期營業目標「今天因為下雨很快就能賺到兩萬日圓，之後就蹺班」，於是開始休息。結果，乘客在下雨天反倒攔不到計程車。

為了避免短期行為，確認長期目標是有效的。以計程車司機的例子來說，就是像「雖然達成本日的目標營業額，但因為下雨，還可以繼續多賺點錢。試著賺到五萬日圓」的想法。

長期的企畫案或為了參加一年一次的考試而念書的人，多數人會決定每天必須要達到的工作量或進度。而這樣的進度是否適合長期的目標，在確認之際，也要確認「今天非常努力提前結束」的次數不要過多。

如果「今天非常充實」這樣的次數一週出現兩次或三次，你可能陷入了短期行為的現象裡。

25 陷阱❹ 一遇到挫折就自暴自棄

最後一個陷阱是「管他的效應」。「管他的效應」是一旦事先的安排或行事曆瓦解，**就會出現自暴自棄的心理狀態**。

舉例來說，「因為正在減肥所以不吃蛋糕」，做了這項決定後，午餐後前輩為你點了一份蛋糕，因為無法拒絕所以只好吃了。因為今天已經破戒，於是晚上聚餐時，便毫無顧忌地喝啤酒、吃炸雞，最後還吃了拉麵才回家……像這樣的現象。

像這樣的「管他的效應」，是很容易就出現的狀況。那是因為「目標是短期的」、「在容許失敗的狀況下」、「目標是『戒掉〇〇』等的禁慾狀況」。

舉例而言，做了「這個月不能亂花錢」的決定。但去便利商店買了口香糖，錢包裡的一萬日圓紙鈔，變成了九張千元紙鈔和銅板。如此一來，就會變得比只有一張一萬日圓時，更容易亂花錢。

或是整個地區建立了「不隨便亂丟垃圾」的目標，賞花的季節，來自外地的遊客隨地放置垃圾，如此一來，當地居民想要亂丟垃圾就變得容易了。

另外，**在一個場合引發了「管他的效應」時，也就容易在其他狀況下，產生「管他的效應」**。減肥中狂吃蛋糕的人，自然很容易打破不能亂花錢的目標，相對地，無法遵守不隨地亂丟垃圾的可能性自然也就提高了。

破除「管他的效應」的三方法

避免產生「管他的效應」的方法有三個。

第一個就是設定長期的目標。

要避免「這個月要存五萬日圓」、「一年要存六十萬日圓」、「三個月要瘦十公斤」、「一年後要瘦十公斤，而且身體健康」這類短期目標，採取長期目標，如此一來比較不容易產生「管他的效應」。

重點是今天做的事明天要繼續，並持之以恆，才能達到目標。那是控制眼前行為最好的方法。

第二個方法是將**「放棄」的目標改變成「做」的目標**。

所以設定的目標不是「這個月不要亂花錢」，而是「這個月要增加不亂花錢的天數」，目標不是「因為在減肥不能吃蛋糕」，而是改成「因為在減肥，想吃蛋糕的話，就吃堅果」這樣的內容，依此代換目標吧！

第三個方法是**如果出現「管他的效應」，細數從失敗中重新再站起來的次數**。

舉例來說，如果設下的目標是「不要亂花錢，一年存下六十萬日圓」，但出門購物時，發現鞋子正在打折，於是一時衝動買了鞋子。突然間從購物的欲望中覺醒，出現了「管他的效應」，結果刷卡買了衣服、包包等。

細數自己可以辦到的事，提高自我肯定感

減肥中對甜食的誘惑感到困擾

吃蛋糕

陷入自己厭惡的感覺

減肥中對甜食的誘惑感到困擾

吃堅果

細數自己節制的事

像這樣的場景，到了隔天會因為「昨天亂花錢」而感到沮喪，該天則堅忍地度過，「今天節省的過了一天」和「靠近目標達成的一天」等，細數自己辦到的事。

以儲蓄為例，比起散財的天數，不亂花錢的天數應該要變多才對，才不會因為一次的失敗就認為「這個月就算了」。

「今天一整天成功地控制卡路里的攝取」、「今天沒有蹺班，認真的處理公事」等，計算從失敗中站起來的日數，無論是減肥或工作，都可以使用這個方法。

計算從失敗的狀態中重新再站起來的次數，其實在研究者之間，該項方法也被認為是用來擊退「管他的效應」效果是最好的。

計算達標的日子，提高自我肯定感

「管他的效應」是因為失敗而產生的，對於從失敗中再站起來的自己產生自覺，因此會對可能「再一次失敗」這樣的衝動踩剎車。另外，計算自己達標的日子會提高自我的肯定感，其效果令人期待。

意識長期目標。

將放棄的目標改成要做的目標。

計算自己從自暴自棄的狀態下，重新站起來的次數。

「管他的效應」是任何人都會陷入的陷阱，在此介紹的因應方式，要確實的學會並身體力行。

第5章

執行計畫時，常見的Q&A

26 安排步驟防止計畫失敗

現在的你，是否迫切希望「自己很會安排步驟」。

之前的章節，我告訴大家在提升事前準備、步驟安排、行事曆規劃的品質時，可以使用各種技巧。而在第五章，我將針對不少商業人士所面對的煩惱進行解答。

無法完美分配時間，導致事前的安排難以順利進行。過於追求完美，花了很久的時間還是無法完成行事曆。忙碌於工作和私生活，安排好的計畫只進行一部分之後就拋諸腦後。被無聊的會議絆住，工作進度無法依照事前規劃進行。

在我們的人生裡，面對所有事情時都是準備、安排及實行這三個步驟反覆輪流。但安排好的流程或行事曆，能否順利進行不是光靠本人的努力或準備來決定。有時候，主管的「出於好心」，恐怕會破壞你辛苦安排的進度。

牽動很多成員、團隊小組共同作業的的情況較多的話，與工作安排有關的煩惱將會變得較複雜。因此，我以具體Q&A的方式，介紹大家幾種在工作的安排和規劃上，能立刻產生效果的方法。

基礎包括「MAC原則」，與之前解說的步驟安排、行程規劃和事前準備的技巧。我也會一併告訴大家，在這樣的環境下，哪個技巧會是有效的對應方法。

請務必從明天起，在自己的工作中活用這些技巧。

27 Q&A❶ 不擅長時間分配

Q 踏入社會第三年，無論是工作或私領域，都因自己缺乏計畫性而傷腦筋。儘管預先擬定了行事曆，想要依照安排的步驟循序進行，等到自己驚覺時，期限已迫在眉梢。有時還會出現無論做什麼都來不及的狀態，需要主管、同事或家人幫忙。

為什麼時間分配上會失敗，難道我是欠缺安排事情的能力嗎？

A 請問你一天換幾次褲子穿呢？基本上只有一次吧！

請回想一下我在第一章提到的「計畫錯誤」，我們通常對於時間分配，總是很容易誤以為「自己可以做到更多」。可惜的是，這樣的失敗無論經歷幾次，都不會自然的修正。

我們會對自己較為寬容，這對生物而言是理所當然的。因為如果不對自己抱持希望，是無法生存下去。

如果「無論怎麼做最後都來不及」一次又一次，的確是有改善的必要。為此，首先「無論怎麼做最後都是來不及」的情況是怎麼發生的？了解其結構很重要。

就像失智症一樣，如果是前額葉的機能明顯下降則另當別論，但缺少事情安排的能力，這樣的人是不存在的。

舉例而言，無論是諮詢者或閱讀此書的你，成年後應該從不曾因來不及上廁所而尿褲子，需要換一條乾淨的褲子吧！每當自己有尿意時，就會自己去上廁所。因為自兒童時期接受如廁訓練後，上廁所這件事變成了習慣，並且自然而然反覆地出現在我們的日常生活中。

與工作或家事有關的很多作業都被習慣化。對此，大多數的作業都是無意識地在期限前完成。

但首次挑戰或不擅長的事，甚至是時間安排相當緊湊的作業，很容易陷入「怎麼做都來不及的狀態」，因而嘗到失敗的滋味。因此，這樣的經驗深刻地留在自己的記憶裡，當下次面對類似的作業時，就很容易產生「可能會來不及」的不安。

這樣的情況站在心理學的角度，稱為「類化」作用。一旦經歷罕見的失敗後，**很容易擴大解釋為「隨時都會發生」，這就是所謂的類化。再加上為了捍衛自己的自尊心，於是不斷告訴自己「無論做什麼都來不及」**。

因此，自己告訴自己「無論做什麼都來不及」，停止自我思考，這就成了「為什麼時間分配會失敗」的答案。那麼，該如何擬訂對策呢？

防止「類化」，讓時間分配成功的三方法

在「驚覺時的忐忑不安」之前，有必要探究是什麼原因造成這樣的狀況。是任

務過多？還是對時間的預估太過天真？再加上「如果從現在起，要讓事情在期限內解決，該怎麼辦才好？」之前的安排有必要重新調整。

換句話說，**「類化」的發生，必須在時間分配的思考停止前動手**，這一點非常重要。在此，我要跟大家介紹三種有效的處理方式。

詢問他人

不要等到火燒眉毛才詢問他人，而是在安排、行程規劃的階段，不妨詢問主管、前輩、同事或家人等，傾聽值得信賴的第三方意見。我曾在介紹「計畫錯誤」的章節時也曾提到。我們很容易對作業時間的預估太過樂觀，卻很擅長替他人預估時間。

毋須採納所有意見，「行程的安排上似乎沒問題」、「只要由我負責，安排絕不會有問題」，**像這樣的時間分配，最好是傾聽第三方意見，肯定可以改善狀況**。

想像是他人的事情

這就是我在第二章提到的「疑問句型的自問自答」。假設自己安排的流程時間表，是由同事A實行的話「**真的沒問題嗎？**」**進行疑問型的自問自答**。

應該可以在「類化」發生前，發現問題點。

將自己可以辦到的數字加倍

這個方式可用在身邊沒有能商量的對象、或對疑問型的自問自答沒自信的人。總之就是**自己規劃的行事曆、安排所花費的時間，都以加倍的數字預估**。

假設「計畫錯誤」會發生、保有仍具餘裕的安排及時間表。換句話說，當你在規劃時間時，最好保留當計畫失敗時，還有修正的時間。

最大的問題是自己內心「這樣可以嗎」、「會不會失敗」的三心兩意，當最後「已經來不及」連修正的時間都沒有。時間是不會回頭的，因此要事先保留餘裕。不過，如果距離期限的時間很緊急，不適合用這個方法，這一點請多加留意。

「類化」、「不管做什麼都來不及」，想要克服將這些當作藉口，累積完美的經驗是最重要的。使用這三項對策，增加「一切有如預期」的美好體驗吧！

28 Q&A❷ 在安排上花費很多時間

Q 我的工作是在後勤部門協助營業小組。平日盡可能讓事前的安排順利進行、行事曆不要出現漏洞，因此進行整體規劃、安排時，非常耗時。偶爾中途會出現準備來不及，只能聽天由命。

在計畫成立前，計畫就已經失敗……想要追求完美卻不懂如何妥善安排，而感到苦惱。

A 總之先做出雛形，追求完美那是之後的事情。

自以為完美無缺，也是一種逃避方式。

花了時間……應該會更好才對。

如果有了全套的設備……一定可以辦到的。

如果能在一個更集中精神的環境……品質應該會提升。

如果主管沒來打擾我……事情應該可以如期完成。

像前述這樣的想法，就等同是「如果事情無法完美處理，不如不要做」。如此一來，人就不會採取任何行動。

但為了達成目標得要行動才行。了解這點的人，在以完美為目標前開始行動。

有一句話是這麼說的，**「完成勝過完美。」（Done is better than perfect.）**

這句話被臉書創辦人馬克・祖克伯（Mark Elliot Zuckerberg），貼在公司牆上，企業員工老是掛在嘴上。首先完成六、七成左右，讓事情有了初步形狀後，再來思考如何追求完美。

很多成功人士都有相同想法，類似的名言還有好幾句。

經由多次的摸索和反覆的失敗，才能發現有價值的方法，同時也才能成功。

另外，美國前總統富蘭克林・德拉諾・羅斯福（Franklin Delano Roosevelt）曾說：

「**某件事認真的思考三個小時，如果認為自己的結論是正確的，就算再花三年，結論還是不會變。**」

而哲學家尼采說：「為了完成某件事，比起個人的才能和技量，相信因時間歷練而成熟、不斷往前進的個性，才是扮演決定性的角色。」

藉由遊戲化重複嘗試和錯誤

追求完美的人，請將「步驟安排」和「事情順著安排前進、達成目標」分開來思考。步驟安排或規劃行程時，只需要六到七成左右的程度就行了，保持彈性的同時，配合因行動而出現的意外事件進行調整。

請善用我在第三章介紹的「if-then 計畫」和「想像最糟的狀態」這兩項技巧。另外「**遊戲化**」的方法也有效。

「今天幾點前回家，所以依照這個決定來安排」，並實際去嘗試。這時要記錄與該項作業有關的時間，以計時賽的方式將過程遊戲化。舉例來說，上一次製作會議需要的資料花了十三分四十三秒，這一次要破上次的紀錄等。

想要追求完美、過分認真的人，會因為這樣的遊戲化，使得迫切感和緊張感遠離，可以愉快的重複嘗試和失敗。

29 Q&A❸ 無法擬定長期目標

Q 應該要做的事，可以安排一到兩週後的行程。但如果時間變成一年或五年後，就會不知該如何安排事情的優先順序。

要達成長期、中期目標的人，該如何思考及安排呢？

A 針對長期、中期的目標進行安排規劃時，請搭配人生的目標。

在做安排或規劃行事曆時，其方法應該要視短期、中期和長期而改變。具體而言，以下三個是基本。

・長期的（三到五年）計畫，只要確立價值觀即可。

・中期的（一年以內）計畫，只要將可以進行修正這個概念放入腦中。

・短期的（兩週以內）計畫，不要搞錯任務的估算即可。

比起短期，中、長期的安排之所以比較困難，是有理由的。因為我們通常對將**來的決定都比較鬆散，稱作「雙曲貼現」。**

所謂「雙曲貼現」是行動經濟學裡經常出現的詞，簡單來說就是，我們通常有「近期的未來價值較大，遙遠的未來價值較小」的通病。

長時間處理重要的企畫案，一旦有眼前的收益可能會上升的活動時，注意力會立刻轉移，為了改善體質而擬定長期減重計畫時，會立刻被眼前的叉燒麵給打敗。一**般人比起將來的成果，其實更容易敗給當下的欲望。**

這當然也對長期計畫的規劃帶來影響。

舉例而言，自由工作者預估自己五年後的職業生涯，決定要學會一種新技能，於是開始著手安排、計畫。

當他考慮要出國留學一年，半年後有個很棒的工作機會上門。如果這是兩週之後的事，「必須有時間繼續現在的工作，因此很困難」，可能會做出這樣的判斷。等到半年後，「現在還有時間，如果想點辦法應該可以辦到！」

想要從這個陷阱中逃離，就該知道「雙曲貼現」的想法。要養成習慣隨時確認自己的行動，是否未經深思熟慮。**從長期的觀點而言，對自己來說什麼是最重要的，這一點值得再次確認。**

長期的計畫要符合個人的價值觀

在此要突然問大家一個問題，請問你的「人生目標」是什麼？

以我來說，我人生的目標是「知識最大化」、「希望能活在森林的圖書館裡」。長期的安排要從「是否對『知識最大化』採取足夠的行動」這個觀點來判斷。規劃長期的安排或計畫時，必須要符合自己的價值觀或生活型態，這是最重要的。

舉例來說，我對於演講的邀約，如果時間離現在越遠收取的酬勞就越高。但若依普通的商業習慣來看，機票有所謂的早鳥優惠，愈早買愈便宜。

但我卻反其道而行。

比起三個月，我的演講酬勞，半年、一年後要貴上許多。為什麼會訂這樣的標準，那是因為我有自信，一年後還是有人會找我演講，更直接地說，可能會是與「知識最大化」有關的工作。

這麼早提出邀請，其實對被邀請者也是一種困擾。因為一年內的演講邀請，最重要的是要有「修正可能」的空間。

具體來說，「假設我接受了一年後的演講邀約，我會要對方三個月後再確認一次，如果屆時有可能取消（變更），我會收取一般的酬勞。」如果對方同意能在三個月前修正的話，一年後的演講酬勞我就不會再加價，只收取一般的價格。

這樣的處理方式，不但讓對方可以少支付酬勞，我的中期安排也保有修正彈性，可說是雙贏。

如何避免出現「明天再做」的狀況？

關於短期的安排，最重要的是要擁有「一天要持續一生」的意識。我也會向詢問者說，短期的安排是「可以看見應該要做的事」，因此較容易管理。

「再幾個小時就能完成手邊的工作」，可以看到這樣的預期，就算行事曆突然變更，也可藉著調整前後的預定行程，克服眼前的困難。

像這樣容易對應的同時，也很容易產生「明天再做就行了」的缺點。

例如：「這個工作明天再做也可以」、「今天太累了，原先的訓練計畫今天就暫停，明天再增加訓練量」、「早上睡過頭，早上的英文課暫停一次，明天再做」……

留下一天該做而未做的待辦事項，沒有考慮到這可能對之後的安排造成很大的影響，輕而易舉的就休息了。

應做而未做的工作，肯定會壓迫到之後的行程。如果是培養運動習慣或念書習慣，休息一天即可能導致習慣的養成半途而廢。

「今天休息不做訓練，明天也休息。結果，三個月後還是沒能達到目標體重，設定於一年後的目標，也就是體型的改造，最終也不會實現。因此，今天再累也要持續訓練。」

這就是所謂「一天要持續一生」的意識。我每天都會運動。問我為什麼可以每天運動，因為我知道一旦我休息一天，恐怕就不會堅持下去。因為明天的我也有可能辦不到，所以打鐵要趁熱。如此下來，就能持之以恆。

不過，我有時也會想休息。這時，就採用第三章提到的「放假日」技巧。

30 Q&A❹ 中途忘記安排

Q 我在公司身為第一線領導人，被主管、下屬、客人等夾在中間工作。另外，我和先生都有工作，而且還要忙著照顧小孩。家事某個程度是兩人一起負責，因為每天都留下沒做完的事，因此感覺日子過得很快。

每到週日晚上，我都會安排下週要做什麼……我想方設法讓工作和私生活都能有效率，可以說是「一定」會出現「糟了，那個還沒做」，像這樣的「應做事項」。是否有能徹底執行安排的方法？又或者，會因為忘記不得不做出放棄的選擇。

A 想出的時機從三個選項當中選出一個。

我只要集中精神做某件事時，就很容易忘記其他應該要做的事，因此非常理解這樣的困擾。而且，無論站在工作或家庭的立場上，當你正做著A時，「B要怎麼做？」、「請做C」等，會被很多其他事打斷。

結果，一旦著手去做，卻發現自己無法完成，只好束之高閣，這件事也就成了應做而未完成之事。

問題是，當你發現自己忘記的事，這時該如何處理。在這種狀況下，合理的打算只有以下三個基本方法。

1. 現在就去做。

2. 不做第二次。

3. 決定將於何時、何地進行，並且排進行事曆。

當我突然驚覺「某件忘記去做的事」時，最常選擇的處理方式是「3」。

我將這件應做而未完成或忘記去做的事，寫進我平日用來管理行程的Google行事曆，並決定「會在何時、何地去做」。

比方，我在行事曆寫下「三天後的上午要打掃」，就可以預先保留作業時間，而且在當天優先處理這件事。

一旦想起，請立刻決定要做或不做

重點是當你想起來後，立刻以「1」、「2」、「3」的順序，檢討其可能性。如果當下沒其他作業會妨礙你，可以「現在就去做」，當場立刻去做是最棒的。但這不過是理想，實際上很難實現。

接下去的步驟是問自己「是否真的有必要去做」。這其實是一種疑問句型的自問自答。

如果你認為「說不定沒必要做的」，請當下決定「不做第二次」，徹底忘了這件事吧！

就如我在第一章所說，待辦清單當中有四一％的事項，是永遠不可能完成的。

在自己忘記的這些事當中，有很多是「做與不做沒有太大的差別」。

再次問自己，如果認為「說不定沒有去做的必要」，那就不用太傷腦筋，徹底忘了這件事。

如果認為有必要做，立刻排進行事曆

相反地，如果認為「還是該做才對」，請進入「3」的步驟。這時，我希望你能做到立刻確保進行該項作業的時間。例如「〇月〇日從幾點到幾點要做這件事」。

如果不這麼做，而是想著：「有一天一定要做」、「趕快寫下來以免忘記」等，這麼做只是將事情保留，束之高閣的現狀依舊沒改變。

「保留」、「束之高閣」、「延後」，這三種態度的缺點在於，我們的大腦會不斷思考「某一天要做那件事」。

這樣的壓力會降低你的專注力、決斷力，也會對其他作業造成不好的影響。

正因為如此，**才應該在當下決定「將會在何時何地去做」，並寫在行事曆，確保作業時間**。一旦決定「要在這時候做」之後，就能消除遺忘的罪惡感，我們的大腦會從多個任務當中解放。

這麼做之後，才能集中精神處理眼前的工作或家事，根據事先的安排踏實進行。

31 Q&A❺ 自己的計畫因主管而有變卦

Ⓠ我的主管是常常靈機一動的人。就算我依照事先安排的步驟工作，但有時到了傍晚，他會突然對我說：「你來一下好嗎？」，「明天之前把要給客戶的資料準備好」等，給新的工作。

主管有執行力且有相當多的點子，但由他率領的小組成員，卻無法依照事先的安排工作，時間也被剝奪，非常傷腦筋。

一直以來，主管都是這樣的工作方式，要改變他的個性非常困難，有沒有其他的方式能建立有助於工作順暢的模式？

Ⓐ「事先取得時間」的基本技巧，會有幫助。

當主管說：「你來一下好嗎？」或許在當下你可以說：「不好。」但事實上這不是好建議。

正在根據事先安排處理工作時，被主管突然打斷，甚至還交辦新工作，妨礙了下屬的專注力，這其實是典型的**「生產力下降的管理」**。

但事實上，在日本的企業中仍充滿著配合主管的風氣，昨天才確認過的內容，今天又換了新的說法再確認一次等，以各種方式剝奪下屬工作的主管，在日本企業中很常見。

在這樣的主管手下做事時，下屬要懂得使用「事先取得時間」的技巧。如果主管某個程度會在意下屬的行事曆，可事先主動告知主管自己有空的時間。

「預先空出了明天幾點到幾點的這段時間，屆時我們可以進行討論」、「上午集中精神處理案件，下午有時間進行討論」等，**告知主管自己有空的時間，如此一來就可以避免「你來一下好嗎？」的情況發生。**

另外，習慣事先預留時間，這樣的做法其實也很有效。告訴主管自己每天會留五分鐘的時間跟他報告。

「每天下午二時五十五分起的五分鐘，這樣可以嗎？」養成這樣的習慣，事先確保用來跟主管報告的五分鐘，並排進每天的工作裡。

如此一來，很愛講「你來一下好嗎？」的主管，就會變成「三個小時後我會和他討論，就先算了吧」。結果，主管的時間管理也很順暢，也能減輕彼此的壓力。

如果你的主管是會打亂下屬工作步調的人，「我正在準備考試，請問可以給我五分鐘彼此交換資訊嗎？」，用這種不會打擊他自尊心的迂迴方式來回應。

一旦主管和你之間養成這樣的報告習慣，因主管的一句話就打亂工作規劃的情形會大幅減少，**單純接觸效果（一旦增加與某人見面的次數，會給對方帶來好感的心理法則）也可以做到**。

事前給予五分鐘，當主管的談話要延長時，就說出：「再這麼占用你的時間我會感到非常抱歉。」以聰明的方式讓談話告一段落。

利用MAC原則，處理主管的要求

順道一提，本來是跟主管討論事情，沒想到卻突然下達「明天前把要給客戶的資料整理好」的指令。對此，請明確你的目標，以周密的步驟處理。

這個時候我在「MAC原則」是有效的。可測量化、可行動化的方式，很容易讓雙方都同意。

首先，新的工作可能必須從零開始？又或者是採用現有的模式就能處理的作業？測定主管要求的目標。

一旦知道「與顧客洽商時，只要有能和對方討論用的資料就行了」，就可以將過去的資料重新組合，解決這次的新任務。這時，過程是明確的，「沒有時間製作新的資料，所以從以前的資料中彙整需要的資料，剩下的就是反映與顧客討論的內容，下週會把工作收尾，這樣的處理方是可以嗎？」像這樣跟主管提案。

重要的是**縮短因新任務而傷腦筋的時間**。煩惱「主管需要多少的資料呢？」或是火大地想對主管說：「這麼突然。」這些反應都會影響你其他工作。

面對突然產生的壓力，盡可能的在短時間內從腦海中移除。**如果是不得不做的狀況，決定「要做」、決定「要怎麼做」，接下來就是化為行動。**讓你的大腦從壓力中解放。

32 Q&A❻ 遇到不知該如何安排的下屬

Ⓠ餐飲連鎖店的總公司某日招集了區域店長開會，以掌握各店鋪的營運狀況。在這些店長中，有很會安排和不會安排的店長，這時領導者總是會大嘆：「為什麼那個人辦得到，這個人卻辦不到呢？」

對那些不太懂得如何安排的店長，給予了鉅細靡遺的指導，反倒使對方每件事都要再三確認，自己的工作效率也跟著下降。該怎麼做下屬才會自發性地安排，積極主動呢？

Ⓐ請拿出勇氣給他裁量權，靜靜在旁看著，拐彎抹腳的做法也能培育人才。

你一天能用的時間為二十四小時，不懂得安排的店長一天也是二十四小時。

現在你把注意力都放在不會安排的店長身上，關注他的一舉一動。當你下達指令之後再確認結果，你一天二十四小時的時間都被這些作業給占據了。

就如同發問人信上所寫，你自己的工作效率，恐怕是一落千丈。想要完美的挽救某人混亂的計畫，這是不可能的。另外，如果這麼做，是無法培育該名員工的規劃、安排能力。

你身為領導者應該要做的，是不需要過於關注他，只要在背後協助他避免犯下重大過失，除此之外，通通交給店長全權負責。這是該案例最有效的事前準備。

這時的關鍵字是「**裁量權**」。

根據各式各樣的心理學、行動經濟學的研究顯示，當一個人感覺自己做了選擇，如果這時還能讓他產生擁有裁量權的自覺，這時會產生一種幸福感。**當他有了幸福感，就會對成功充滿自信，有助於提升個人能力**。

因此，主管給下屬裁量權，在旁邊觀察下屬的表現，這麼做有助提高下屬的工作能力。提到裁量權，乍聽之下好像是給下屬極大的權力，或許有人會產生抵抗感。

關於這點請放心。這麼做的重點在於，讓下屬有「自己做了選擇的感覺」。

讓下屬有權利做決定

著有《選擇的科學》的哥倫比亞大學教授希娜．亞格爾（Sheena Iyengar），發表了關於裁量權的研究成果。

該位教授出生於加拿大，在美國成長，來自傳統錫克教家庭。錫克教是教條嚴苛的宗教，舉例而言，據說在結婚當天之前，連結婚對象長什麼樣子都不知道。

儘管如此，家人、親戚會相互討論，決定兒子的結婚對象。新郎和新娘在婚禮結束新郎揭開新娘面紗時，才是兩人頭一次見面。如果從現代人的感覺，錫克教的年輕人無法選擇自己的另一伴，恐怕會因為裁量權過低而相當焦慮。

信仰的宗教戒律較少或擁有選擇自由的無神論者，這些人都擁有裁量權，如此一來應該都很有幸福感。

但根據希娜．亞格爾教授的研究，宗教的律規較多的錫克教徒，和掌握裁量權的無神論者相比，幸福感高出後者許多。

為什麼會這樣呢？那是因為無神論者擁有無數的選擇，反而因此感到苦惱，相較之下，戒律嚴格的錫克教徒因選項少，所以感覺每一個選擇都是由自己決定的。

換句話說，裁量權所帶來的幸福，與實際上能擁有多少選擇，其實沒有關係。因此能讓自己有了做出選擇的自覺，這才是最重要的。也就是說，讓自己感覺「這是自己的選擇而做出的決定」，才得到與成長有關的幸福感。

這與工作完全一樣，**較常做決定的人，會覺得自己的工作很有意義，因而得到成長**。

星巴克或是迪士尼等企業將裁量權交給社員或兼職的員工，如此一來將會提高工作者、利用者雙方的滿足感。

對不擅長安排的店長，你可以將從本書學習到的技巧傳授給他，並且給予他裁量權，自己退到一旁觀察。一開始可能會出現焦慮不安的情況，最後則是會感受到「欲速則不達」。

33 Q&A❼ 被無意義的會議占據工作時間

Q 換工作三年，我目前在一間會議和討論相當多的公司上班。這樣的企業文化真的是……在不得不接受的情況下，「十點到十一點要開會」，特地為了開會排開工作，沒想到「會議卻成了部長的個人秀，延到十二點才結束」，這樣的情況屢見不鮮，工作無法如事先的安排進行，非常傷腦筋。

A 會議是意見決定的最後武器，過於輕率使用會是大問題。

無意義的會議也讓全世界的研究者傷腦筋，與會議有關的研究相當多，從有效率的開會方式到會議有無效果都有人研究。

舉例而言，最能有效激盪出新點子的方式是「集思廣益」。根據研究，「與其依賴他人的想法，倒不如自己花腦筋想出具獨創性的點子」、「討論的小組成員愈多，從集思廣益中獲得的創造性會下降」。

另外，「參加會議時，儘管什麼也沒做，卻會有一種『在工作』的滿足感，但生產力卻下滑」、「聚集眾人之後下的決定，責任感變得很馬虎，目標的達成率會下滑」。

因此，我個人非常厭惡開會或討論。基本上，工作方面需要的會議，都是由我的職員代為出面，我幾乎從來沒有親自參加過。尤其是「打個照面」的行程，我都會拒絕。

那是因為我的時間比任何事物都來得重要，比方說，一次的會議要花一個小時。要是我有那樣的時間，我可以讀五到十本書。

當我想到「知識最大化」時，將「閱讀書本得到新知識」和「參加會議獲得的東西」這兩者放在天秤上比較，天秤自然是壓倒性的往前者傾斜。根據我的判斷，希望我參加的會議大約有九成是沒有參加的價值。

有一項針對日本上班族所做的統計調查顯示，日本商業人士平均每個月有四百九十二分鐘浪費在開會上。

「大多數的會議議題根本是無關痛癢，但愈是無趣討論愈熱烈，而且時間又很長。」如此一針見血的批判，是由英國歷史學者西里爾・諾斯古德・帕金森（C. Northcote Parkinson）提出。

他以原子爐的建設和高速公路設置等重要議題的會議為例，與會者針對設置的目的及其優缺點仔細地分析。發言者少，但慎重地進行討論。

另外，如果是該不該設置腳踏車放置處等較為輕鬆的議題，屋頂的材質要用鋁製還是白鐵皮等，顏色又是哪一個顏色，發言者會增加、鉅細靡遺地交換意見。而「追根究柢，設置腳踏車放置處這算是個好點子嗎？」這種討論完全不會出現在會議中。

其理由很簡單，原子爐和高速高路的設置，又或者是收購某間公司等，類似這樣的重要且大規模的決定，如果自己要發表決定性的意見，這也代表自己得負責任才行，發言者自然就會減少。在如此重大的會議上能發言的，肯定是對該議題非常了解，同時也認真進行方案檢討的成員，才能進行本質性的討論。

相反地，**任何人都可隨意發表意見的話題，基本上都會脫離本質性的討論，這是一種時間的浪費。**

這就是所謂的**「帕金森瑣碎定理」**（Parkinson's Law of Triviality），或稱芝麻蒜皮定律。這樣的時間浪費，該怎麼解決才好呢？

避免在會議上浪費時間的三項事前準備

只要事前完成以下的三個步驟，就能消滅浪費時間的會議。

1. **事前共同決定議題，而且共享資料。**
2. **會議一開始就明確決定會議要在幾點結束。**

3. 事先確定會議目標，一旦達成什麼結果，會議就結束。

會議或是與人討論事情時，最浪費時間的就是「閱讀資料的時間」。

我想你一定也有過這樣的經驗。只要閱讀就能明瞭資料內容，卻要選個代表人在會議上沒完沒了大聲朗讀，這樣的會議在當今的日本企業中還是可見。

開會前將資料以電子郵件寄出，要求與會人士開會前必須先看過，就能夠節省「朗讀資料內容的時間」。

另外，**透過事前的資訊共享，在開會之前「彩色浴」（colorbath）的效果**（只要關於自己在意的某個關鍵字，不知不覺當中就會蒐集到與該關鍵字有關的資訊）會**自然啟動，大腦會無意識地蒐集必要的資訊**，很容易創造出具有劃時代的點子。

緊接著「2」和「3」與「MAC原則」是相同的想法。會議一開始就告知與會人士會議結束時間，**像這樣設定了限制時間，就能期待產生有助提高生產力的「最終期限的效果」**。

參加者當中，肯定會有人偏離論點，高談闊論。

這時一定要出聲喝止說：「關於你提到的這一點，我們會另外找機會討論。」

另外，**與設定的結束時間無關，一旦抵達「做出這個決定」的目的地後，會議就可以立刻結束。**

「總之先來開會、討論吧！」這是NG習慣

維珍集團創辦人理查・布蘭森（Richard Branson）曾斷言：「只有一個議題的會議，不需要花五到十分鐘以上的時間。」

雅虎執行長梅麗莎・梅爾（Marissa Mayer）曾說，她每週有七十場會議，但她決定每個會議只花五到十分鐘就結束。

實際上，根據多項研究指出：「在會議或討論上所花費的時間，有助解決問題的，不過是短短的五到十分鐘。」

另外，臉書共同創辦人達斯廷．莫斯科維茨（Dustin Moskovitz）**推動實施每週有一天的無會議日，讓員工能不被任何人打擾，專心工作一整天**。而且這麼實施後，大幅提高了生產力。

本來，會議是最後的手段。當事情的最後必須由全員共同決定時，才會要眾人集合討論、做出決定。

「總之先來開個會吧！」、「總之先來討論一下吧！」……像這樣的習慣，就是把最後的武器一開始就拿出來使用了。

最後，我引用ＮＢＡ達拉斯獨行俠隊的老闆馬克．庫班（Mark Cuban）的名言，「除非是要簽約，否則開會很浪費時間。」

我對這句話可說是由衷產生共鳴。

Sunday Monday Tuesday Wednesday Thursday Friday Saturday

第 6 章

一定達標的完美行事曆

34 行事曆沒空檔，讓你難以成長

開創自己未來的是行事曆。

我打開 Google 行事曆，填入自己的行程，以此管理自己的時間。這時我會想著自己的未來變得更完美了。這樣的方式能避免他人擬定的行程可能與自己的習慣不和，同時能達成自己人生的目標。

行事曆不光是用來填寫預定行程，今天的自己要比昨天、明天的自己要比今天、下個月的自己要比這個月、去年的自己要比今年更好，而行事曆是最好的工具。

如果你在行事曆上寫下了「週二早上九點出差。週三下午五點回到公司」，若你是以這樣的方式管理時間，請立刻改變填寫方式。維持現狀的話，生涯規劃會出現大問題，也是個**大機會**。本章我會傳授大家該如何藉由行事曆，讓你的未來出現巨大變化。

很多人都誤以為只要在行事曆填下時間和預定事項即可。那是因為**行事曆是為了讓人容易看出什麼時間該做什麼事**，藉此掌握自己做了什麼、如何使用時間。行事曆不是讓你不斷填入預定事項，塞滿所有時間，就能得到安心感、充足感的筆記本。

極端來說，**「行事曆裡沒有空檔的人不會成長。」**

你對月光族有什麼看法？應該覺得他們的金錢概念很瘋狂吧！但如果把行事曆塞得滿滿，把時間用光，卻會很安心。其實沒有空閒時間就跟戶頭零存款一樣。

行事曆要有空檔才好。沒有空檔的行事曆，就表示你的未來不會有超過現在的成長。習慣塞滿行事曆空檔的人，請多加注意這一點。

35 行事曆以兩週為一個單位

我正努力讓行事曆能有空檔。

努力的方式之一就是該如何填行事曆。

我們一天只有二十四小時，不可能再多了。在一定時間內，自由規劃空白行事曆，無論是工作或私生活方面的預定行程，要有效率地完成，安排出空檔是必要的。為此，**每天都要檢討自己的行事曆**。這其實是安排行事曆的事前準備，也是重要步驟。

我使用Google行事曆，以每兩週為一個單位，盡可能正確填入行程，而花費的時間或有什麼想法，我也會在事後填入。之所以不是以每週而是**以兩週為單位來管理，只要是為掌握自己會對短期、中期、和長期目標採取什麼樣的行動，其實某個程**

度可以透過行事曆來俯瞰。

另外，如果以一個月為單位，每天的行動很難鉅細靡遺地寫在行事曆上。

實際上，我是採用什麼樣的記錄方式呢？在此舉一個例子，我每天早上的預定行程大約是這樣書寫的。

八點起床。

SIT（全力動作三十秒，休息三秒的訓練方式）、育亨賓十五公克（健康保健食品）、水兩公升。

在那之後，喝一杯咖啡。茶氨酸、瑪卡三公克。

到此為止是早上八點到八點三十分之間的規律行程。

起床後立刻運動是為了讓大腦清醒，攝取水分提高血液循環，而各類的健康保健食品則是為了補充營養。喝咖啡是利用咖啡因的力量，提高大腦的思考能力。

正確寫下起床後會做的每件事情，每天過目時，就能敦促自己確實做到。當然，如此規律的行程，其實也是我經歷過一次又一次的失敗後，最終得到的結論。

以前我不是做ＳＩＴ，而是使用普通的跑步機，就像在健身房跑步一樣。但非常花時間。於是我開始摸索其他也能得到同樣效果的方法，最後選擇了ＳＩＴ。

根據一項最新的咖啡飲用量的研究資料顯示，咖啡因的攝取量一旦超過一百毫克，效果是不會改變的。而且根據該研究，咖啡因的效力大約只能持續兩小時，因此每兩小時喝一杯咖啡，我試著將這個動作排進行事曆。

而且我還知道當咖啡因和茶氨酸合在一起，會讓專注力更為提高。我現在正把茶氨酸的膠囊放進嘴裡喝咖啡。不過，與營養保健食品相關的資訊日新月異，今後如果有看到更好的組合，不要猶豫，立刻更新。

為此，幾點什麼事要做到什麼程度，要有什麼樣的印象，行事曆有必要正確地填入。

我的行事曆

7：00 左右起床	（當我睜開眼睛就會起床，時間不確定） 洗臉、刷牙【所需時間 5 分】 攝取育亨賓、瑪卡、咖啡因和茶氨酸 淋浴【15 分】 在森林裡冥想【30 分】 邊進行踏腳運動邊看書【3 小時】 在 niconico 頻道或 Youtube live 開一個節目
禁食到下午 2：00	攝取藍莓 100 公克、香蕉、可可粒、蛋白質、肌酸 伸展訓練【45 分】、高強度間歇訓練【10 分】 午睡【18 分】
下午 6：00	攝取 EGCg、吃晚餐・餐會
晚上 9：00	在 niconico 頻道或 Youtube live 影片播出 洗東西・洗衣服・洗澡、攝取褪黑激素【30 分】 （niconico 頻道要播出後 30 分鐘才能存檔） 將 niconico 頻道的檔案上傳【30 分】 （等待的時間處理郵件、確認行事曆或在亞馬遜購物等【縮短浪費和購物的時間】）
超過晚間 11：00	如果有睏意就上床睡覺

★工作就插入這個行事曆的空檔時間。
★用餐方面：白天以水果為主的輕食、晚上則吃兩頓飯的量。

36 仔細寫下行動，提高執行力

看到這裡，我想肯定會有人認為「DaiGo，太過鉅細靡遺了……」的確非常仔細，但請你試著想想看。

如果行事曆上只寫著「早上八點到八點三十分做訓練」，起床後你可能會思考著「今天要做什麼樣的訓練呢？」將相同的內容以規律的方式寫下。

如果某天早上覺得「全身懶洋洋」，可能會跳過早上的活動。又或者「今天天氣很好，到外面走走」結果花了快一小時訓練，而且也導致運動強度下降。

當然，想要轉換心情到戶外走走，呼吸新鮮空氣。若就這點看來，這不是一個壞選擇。但早上這三十分鐘的訓練對我而言，是為了提高大腦之後的效率。因此，要確立明確的目標，安排每天的行程。

如果沒有鉅細靡遺地寫下順序，而是當場「決定事情的先後順序」，基本上時間會不夠用。因此，**行事曆上不是寫下預定的行程，而是日常生活中會做的事**。「會做的通通寫下來！」要抱持這樣的氣勢。

這時最重要的是，**寫下自己採取的行動和預測該行動所花費的時間**。不是預定要花幾分鐘，而是自己預估要花多久時間。寫下預估自己會花多少時間完成，而最後又是用了多少時間。之後，可以用來檢證「如果要減少花費的時間該怎麼做？要縮短時間該怎麼做？」

類似的作業反覆進行後，**每一項行動就能精益求精，浪費的時間將愈來愈少，一天二十四小時裡，自然會出現空檔**。盡可能增加空下來的時間、或行事曆上的間隙，不斷改善自己的行事曆。

增加空檔、挑戰新事物

光是將訓練自己的方式改成一種，就能縮短時間，有助增加行事曆上的空檔。空下來的時間或是行事曆上的間隙，其實就跟存錢一樣。如果有了閒錢，就可用花在其他事情上。

行事曆上的空檔變多，就有時間挑戰新事物。請容我再重複一次，空出時間是可能的。

行事曆上沒有空隙的人，未來將不會有超過現在的成長。空出來的時間，擴大自己的點子、挑戰新事物的人才會有所成長，怠於這項努力的人，只會滿足於填滿自己的行事曆。

「做自己該做的事、努力著。自己手上經手這麼多工作，自己的存在有其價值。」

但在這條延長線上，你只能維持現狀。

如果沒有在行事曆上填滿預定行程，害怕周遭的人認為：「自己好像沒有在做事。」你唯有現在重新審視自己在行事曆寫下的預定事項是否為真正該做的事，改變才會開始出現。

思考要刪哪些，減少預定的行程。將行程減少到最低程度後，接下來要思考該做哪些事。不減少無謂的浪費，是無法進入下個階段。如果兩手都是東西的話，是無法拿起新東西的。

為了寫這本書接受我採訪的三人，我想以我對行事曆的想法和觀點為基準，檢查他們各自的行事曆。

提供行事曆的三人，分別是以下的背景。

・活耀於企業第一線的業務員。
・在外兼差的家庭主婦。
・年輕的經營者。

可能我的批判有點太過嚴厲，但這是為了讓大家有更美好的未來，這一點請大家諒解。

37 善於擬定行事曆和不擅長的差別

案例❶ 業務員的行事曆

整體而言，他的行事曆（見第二二九頁）給人過於鬆散的印象。

尤其是該做的事幾乎很少寫在行事曆上。

我最希望他改善寫著「晚上七點到大阪出差」這一天的行事曆。

前往出差的地點要做哪些事，一個字都沒寫。照理說應該會去拜訪廠商、參加應酬或市場視察等，而且每一件事應該都有預定的目標才對。

如果是洽商，「關於進行中的作業，與對方擁有共識」、「可能會有下次的生意」、「共享交貨的時間」等。**寫下目標、在洽商結束後，應該要評價自己的目標有**

沒有實現。

相同的事情也可以用在「懇親會」的行程上。

對於從不參加懇親會這種聚會的我來說，「要加入懇親會嗎？」這才是根本的問題，如果有需要，可以在這裡設定明確的目的地。

如果我真的非去懇親會不可，一定會在行事曆上一併寫下結束時間（自己離開會議的時間）和目標。

我最近設定的目標是「一小時內和十個人說話」，我是比較內向的人，如果沒設定這樣的目標，基本上會成為壁花。所以，我才把與陌生人說話視為一種遊戲。

偷偷按下手機計時器，每五分鐘震動一次，在這段時間內和對方交換聯絡方式、讓對方開心笑一次等，設定目標細節，藉此達成「一小時內和十個人講話」的目標。

因此，只寫了「懇親會〇點開始」的行程，根本不算是行程。這時你必須要寫上想達成的目標，如此一來這個行程才會具有意義。

另外，如果要從東京前往大阪出差，之間的移動時間是兩小時三十分鐘。

這兩小時三十分鐘之間要做什麼卻沒寫下，我對這一點非常在意。每當我搭乘新幹線或飛機出差或出門演講時，我通常會把移動的時間分割成三或四個區間，並規劃在這些時間內要做哪些事。

如果是兩小時三十分鐘，可以看三十分鐘的書、寫三十分鐘的稿子、花三十分鐘想些點子、冥想三十分鐘，然後在每件事情之間夾著休息時間。十五分鐘集中精神做事後休息一下，這樣的循環可以進行八次。

但什麼也沒有安排、規劃，行事曆上一片空白就這樣坐上新幹線，會變成什麼情況呢？恐怕是發呆望著窗外、低頭看手機、看看報紙，如果想睡的話就閉眼睡覺，時間就這麼溜走了。

業務員的行事曆

2018 年 6 月

4 日（一）	9：00 朝會 11：00 訪問 A 公司
5 日（二）	9：00 朝會 10：00 公司內部開會 11：00 訪問 B 公司 16：00 顧客 C 公司來公司拜訪
6 日（三）	10：00 開會 13：00 與製作部開會 16：00 拜訪 D 公司 18：00 懇親會
7 日（四）	9：00 與董事開會 13：00 E 公司的活動 15：00～17：00 在外面轉（X 公司、Y 公司、Z 公司）
8 日（五）	8：00～19：00 前往大阪出差

我的質疑在於「早上去出差，晚上七點才回公司」這樣的寫法，因為這會讓我有一種「今天要出差，所以無法做其他事」的錯覺。本來行事曆上應該會出現的空檔，現在卻看不見了，所以也無法有任何安排。

從東京到大阪往返的五個小時移動時間，如果以十五分鐘為間隔專注某件事情，稍微休息後再繼續，採用這樣的循環，大致上應該可以把作業結束。只不過是一個預定行程的寫法，這五個小時可能會是一段被浪費的時間，也可能是一段有助於自己未來發展的時間，端靠你怎麼選擇。

我很希望這位業務員能以這樣的觀點，重新的審視自己的行事曆。

案例❷ 兼差家庭主婦的行事曆

乍看之下，這位主婦的行事曆（見第二三四頁）記錄的很粗略，而且有不少空白。

在這次檢視的三本行事曆當中，這本行事曆對失敗的計畫性最高，若從這點看來，應該是最合理的一本。

為什麼我會這麼說呢？做家事的時間、兼差的時間、去醫院的時間等，在分配的時間裡要做什麼事都非常明確地寫下。

尤其我覺得「很棒」的是，她還寫下了「睡午覺」、「看電視休息一下」等，在行事曆上事先保留了休息時間。

像她這樣事先決定休息時間，其實就是把休息這件事給習慣化。誠如我之前寫的，行事曆上的空檔將左右你未來的可能性。

在日常生活中，確保自己有個時間「什麼事也不做」，當自己突然想要「挑戰某見新事物」時，就可立即利用這段時間付諸行動。另外，其他的規劃出現狀況時，這段時間也可用來補救，保有調整的彈性。

換言之，當時間被家事、兼差分割，還能經常維持自由的狀態。

另外，做家事時也能預測完成時間，確定每段時間應該要做的家事項目。我想這也是一個讓家事變成習慣的很棒方式。

再進一步說，將家事遊戲化，將使行程規劃更有效率。

這名主婦也正在實踐，在日常生活中設定目標，設下框架、安排自己的行程，這是一個很棒的傾向。

如果能動作迅速的完成家事，不但會有充實感，還會覺得很愉快。無論是做菜或打掃，所花費的時間都比前一次要短，像這樣遊戲化之後，效率一定會提升，成果不但不會下降、時間反而縮短了。只要花點功夫，規律的家事也會變得愉快，而且不會感到厭煩。

實現最合適的需求

我打算將所有家事都徹底效率化。

舉例來說，好比打掃這件事。我設定的最終目的地是不用打掃也能有舒適的生活。因為顧慮到吸塵器無法持續啟動，所以買了掃地機器人。這台掃地機器人非常自動化，但無論如何，需要使用者設定。不過這個動作最近亞馬遜的語音虛擬助手Alexa與掃地機器人合作，只要說：「Alexa，啟動掃地機器人打掃。」掃地機器人就會開始啟動。

打掃的品質沒有改變，但沒有比以前的方式更快、更輕鬆的方法。自己動手打掃的方式效率化，比起上一次時間更為縮短這樣的遊戲化，我其實是在追求不用動手也能打掃的做法。

如果新的方法不順利的話，或許回到主婦實踐的打掃方式也可以。**將失敗納入行事曆裡同時挑戰新的安排，這完全要拜行事曆出現空檔的時間所賜。**

兼差主婦的行事曆

WEEK

週一	週二	週三	週四	週五
打工	打工	醫院 購物	打工	家事較多的日子（打掃、洗床單等）

週六、日　出門、當天來回的旅行、與家人一起度過。

DAY

7：00	起床	準備早餐和便當
8：00	送家人出門	吃早餐、洗衣服
9：00		稍微打掃
10：00		打掃浴室、洗盤子
11：00		準備午餐
12：00	午餐	
13：00	午睡	
14：00		看電視、放鬆一下
15：00	下午茶	準備出門
16：00～20：00	打工	
21：00	晚餐	洗盤子、摺衣服
22：00	洗澡	
23：00	就寢	

順道一提，「連按鈕都懶得按」的需求，竟然已經被快速解決，如今不用按開關就能打開電燈，在每個房間和走廊裝上了感應器，只要有人通過燈就會亮。如果沒有動靜，電燈會自動熄滅。至於燈光的強弱則和感應器連動，白天的藍光、晚上則是類似蠟燭的色調。

想要有舒適的居家時光，為了滿足自己在舒適度方面的需求，我採取了這樣的安排。

案例❸ 社長的行事曆

這位人士的行事曆（見第二三八頁），有很多讓我在意的地方。

首先，他每天確認郵件的次數過於頻繁。社長最重要的工作就是決定大方向，在重要時刻發揮意志力、專注力是最重要的。為此，他應該從安排行程的階段，消除會阻礙他意志力、專注力的要素。

關於這一點，確認郵件的次數過多，會分散、消耗他的專注力。不斷重複閱讀郵件、回信等作業，決定大小事情也會消耗他的意志力。

而在往返的郵件中，到底有多少比例的信件是「一定得社長才能做的決定」呢？

老實說，真正重要的事，比方說簽約，通常都是面對面進行。另外，就算是非常重要的電子信件，也應該不可能是一天內就有好幾封。

試問「在企業經營上，確認電子郵件是最重要的事嗎？」如果不是，**就應該基於消除所有瑣事、只留下最重要事項的觀點，重新評估行事曆，杜絕時間的浪費。**

尤其是有必要在早上確認郵件嗎？前一天晚上寫信來要求自己做出重要決定的對方，一定面臨某些問題。如果是非得請教社長意見不可的重要工作，可以透過電話和本人或祕書得聯繫，或是對方親自走一趟社長室。

我的建議是，**確認電子信箱這種瑣事，一天最多二或三次，並讓周遭知道自自己一天只會確認信箱二次（或三次）。**

另外，每次只花十五分鐘收信和回信。這麼一來，就能保有私人時間，將自己收發郵件的頻率告知周遭的人，發信者會更斟酌郵件內容。

如此一來，就不會為了一件事發好幾封信，更能精確地將該傳達的資訊彙整在一封郵件裡。如此一來，無論是寄信者或收信者，都能有效地縮短用在郵件往來上的時間。

社長的行事曆

10：15～10：30	抵達公司，確認信箱，回覆急件
10：30～12：00	幹部連絡會
10：15～10：30	根據幹部連絡會上的討論內容擬定營業方針、再次確認信箱、裁決提案
13：00～13：45	午餐
13：45～14：00	確認信箱、文件簽字
14：00～14：40	子公司社長前來。聽取報告、討論
14：40	外出（前往 A 公司）
15：00～16：30	B 公司理事會
16：30～16：50	返回公司
17：00～18：30	裁決提案、處理郵件。處理社員的緊急事件。擬定下週出差的演講內容
18：30	外出
19：00～21：30	與顧客的應酬餐會
21：30～23：00	續攤
23：00	返家
24：30	抵達家門

上午時段的行程規劃裡，對社長而言最重要的就是「擬定經營方針」。但事先規劃保留的時間竟然和與幹部的聯絡、確認信箱相同。這一點也必須要站在除了重要事情，其他瑣事都應消除的觀點，重新思考時間分配。

經營方針要花兩小時三十分，幹部報告會議的報告內容做成書面方便閱讀，如此一來就能大幅縮短需要的時間。

國外的企業中，不少企業開始實施每週有一天員工不回信、不開會，讓經營階層或員工能專注於手上的工作，藉此提高工作效率。這些企業的營收也出現明顯上升。什麼是最重要的呢？反覆思考最終的工作目的，以及發現屬於自己的改善方法。

不過，在實施新的方法時，必須將挫折或失敗排進行事曆裡，保有彈性的時間分配。

試著做做看，如果行不通就刪除。試著做做看以獲得回應，如果不適合自己或企業就放棄。

想要通往目的地的捷徑，必須要經過反覆地測試、確認並改善……

非必要，報告只須要聲音和書信

在這位社長的行事曆裡有「子公司社長前來」，這也是一個讓我起疑需要重新審視的項目。子公司的社長真的有前來的必要嗎？

如果只是來報告，根本不需要跑這一趟。如果有話要說，我想視訊會議應該就足夠了。

省去雙方的移動時間，就能讓行事曆上現大幅度空檔。

一般來說，與人交流最好是面對面談話才能較為深入。但如果是報告或討論，剛好相反。

根據心理學的研究，我們知道藉由書信往來比較容易探知對方真正的想法。尤其是其中一方的地位高於另一方時，一旦兩人面對面談話，肯定會在意對方的反應而不敢說出自己真正的想法。

子公司社長的報告也採用書面的方式，比較能聽到有趣的意見。如果真的有事需要面對面討論，網路線上會議就很足夠了。而且這時候也只需要聲音，藉此減少對方的揣度，面對面進行實在沒有必要。

儘管如此，如果想探究對方真正的想法，的確可以從他的表情獲得重要資訊，有面對面的價值。換句話說，**報告只需要透過書信或聲音即可，但若想要探究對方真正的想法、加強夥伴意識，又或者是提高彼此的信賴感，還是面對面的做法比較恰當。**

另外，一天結束時寫著「返家」，而且花了一小時三十分鐘，這實在很浪費。相較於十五分鐘的信箱確認，都要寫在行事曆上，那麼這九十分鐘要做什麼卻一個字也沒寫。也就是說，他並沒有決定這段時間要做什麼。

這一點與業務員在行事曆上，有關新幹線移動時間的使用，是一模一樣的狀況。將時間換算成金錢，明明記得一千五百日圓的用途，卻不記得九千日圓花到哪裡去了。這樣的使用時間實在非常浪費，應該加以改善。

地位愈高的人面對最大課題是：是否覺得「自己現在的做事方式是不是錯的」？自己的錯誤能否以自問自答的觀點找出答案？如果沒有這種觀點，周遭的人就會迴避，沒人願意指出自己的錯誤，只好以過去的方式就這樣反覆做下去。而這一點將是最大的失敗風險。

為了克服這個風險，請試著將這個結果回饋給自己。**將「沒有意義」的做法改成較好的形式，「沒必要做」的作業請捨棄。**這些都是改變行事曆的基本。

38 數位化管控行事曆

我一度是紙本行事曆的支持者，但從幾年前開始改為使用 Google 行事曆。

我習慣在桌子上放著一大張左右全開式的月行事曆，用來管控每個月的行程規劃，這樣的方式非常方便。不過紙本的行事曆有個缺點，那就是無法很快地回顧兩年前、三年前的今天做了什麼事。

若從創造自己未來的這層意義上來看，這一點其實是有不足的。而這個缺點Google 行事曆、數位設備的行事曆 App 等，只要點一下，一個觸碰，就能確認或比較過去的今天。

兩年前的今天，自己是如何使用時間、行程規劃又是如何的呢？

相較之下，今天的自己在時間調度上又是如何？

如此一來，就能立刻掌握自己與自己所處的環境變化。

當我改用 Google 行事曆後，我會將當天的煩惱等想法都寫在行事曆上。當我寫下自己的煩惱，會減少對大腦造成壓力，有助提高專注力。當我在一年後或兩年後回顧時，我深深地感覺到這個煩惱一點都不重要。

舉例而言，今天你有個很困擾的事。「要在下午的會議跟主管報告失敗的經過」或「和伙伴吵架了，心裡很不是滋味」，當你一年後回過頭來看，你就會發現那些都不過是「自己那天到底在煩惱什麼，已經想不起來了」。

實際上，我在寫這本書時，回顧了四年前的今天。結果我看到當初的自己寫了：「減少電視錄影工作」、「收入減少了付得起房租嗎」。

從四年後的未來、也就是今天來看，真的是可有可無的煩惱。

因為我搬到房租更貴的地方，而且年收入增加了，沒有任何不安。

像這樣過去的煩惱在今天的自己看來，幾乎都是想不起來的程度。這樣的經驗反覆之後，自己對於煩惱的自我管理能力自然就會提高。

「這個問題不足以傷腦筋」、「時間會解決一切」等，切割自己的煩惱，自然就能處理所有事，自然就會降低對專注力、行動力的影響。

換句話說，行事曆的書寫方式會使自己的行動，被現在的煩惱扯後腿的制約不見了。我想這也可以說是，自己為自己的未來所做的安排。

39 將目標寫在紙上，印象更深刻

紙本的行事曆當然有其優點，書寫的這個行動有助於加強記憶力。

舉例而言，今年的目標、這個月的目標、今天的目標等，除了記錄在數位設備上，也要另行準備紙本的行事曆，在上面寫下「今年要達成〇〇」、「這個月要達成〇〇」、「今天一定要做〇〇」等，加強自己的意識，有助於提高執行度。

針對記憶或動機，紙本行事曆比數位設備更有幫助。

因此，紙本行事曆的支持者，最好採用一天份的行事曆，從早到晚以每小時為單位的大本行事曆。另外，若使用Google行事曆、數位設備的行事曆App等，也同時使用紙本行事曆會更具效果。

為自己一天的行動計分

完成一個預定事項後，立刻確認自己對其做法或安排覺得是否恰當。可用○、△、X等符號來計分，以十個階段來對該預定事項的期待或滿足感打分數，這樣的方式也可以。

舉例而言，針對「為了實現時差通勤，嘗試新的通勤路徑」這個項目，以「○」或「和期待度八的主管一起去應酬，滿足度二，只聽到主管的抱怨」等，**日常生活中任何細微的預定事項都可以評分、打分數。這個預訂事項是否該繼續下去，或下次需要再三考慮等，對於安排的方式可以精益求精。**

只要踩上這一步，就能整理出做了真好與做了不好的事。

另外，從下午一點開始的三十分鐘被分配為「製作會議資料」，像這種要自己動手的作業，在作業結束後最好要把自己花了多久時間記錄在行事曆裡。

作業前設定計時器，然後開始製作會議資料，完成後按下計時器的停止鍵。如果花了二十分鐘就寫二十分鐘，花了四十分鐘就寫四十分鐘。這麼做不是為了早點完成工作，而是透過記錄自己預估和實際完成的時間，藉此提高自己預測的能力。

反覆之間，當你下次在安排行事曆時，就可以查閱「這件工作上次花了多久時間」，採取過去的平均值，就能在沒有誤差的情況下規劃行事曆。這也就是我在第一章所提到的，要有自己的標準。

為自己的行動打分數、提高預測能力

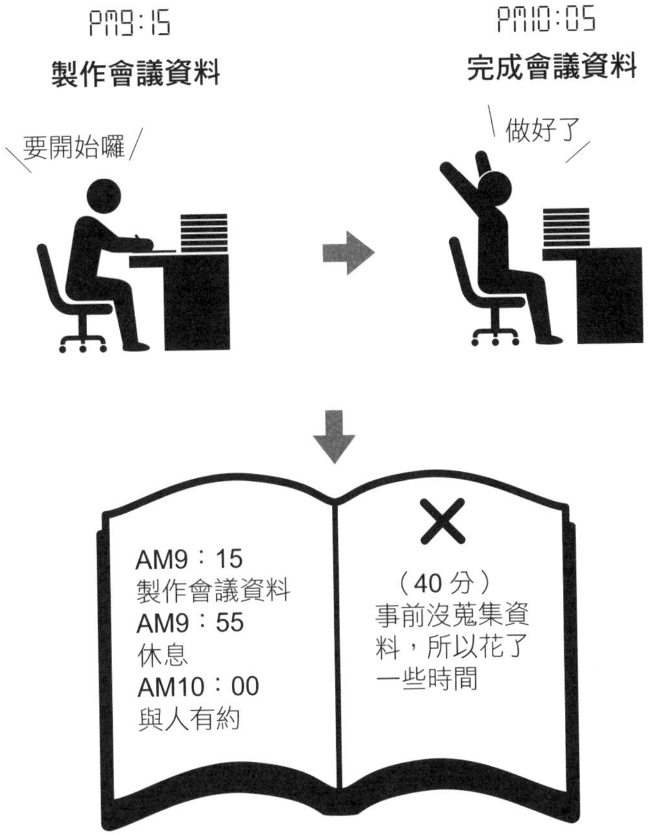

完成一項預定事項後，寫下需要的時間、滿足程度等。

40 每天的習慣更應排進行事曆

基本上，我是那種如果為了讓自己人生更美好的習慣，以及為了進行該習慣而花費的時間，我會優先寫在行事曆上。但偶爾會發生準備用於肌肉訓練的時間，卻不得不用在工作上。

商業人士肯定也經常發生規劃下班後要去運動，卻被加班給打亂了的情況。

這時，我不會取消當日的肌肉訓練，而是將進行的時間往前或往後挪動，好不容易養成的好習慣，不能中途就放棄，這是最重要的規矩。

比方，原本預定晚上六點進行肌肉訓練，如果這時間得要去演講，那就往前挪到下午五點。為什麼我會往前挪動呢？因為比起在演講後運動，演講前動動身體，有助於讓大腦恢復精神，然後再前往會場，這樣的順序會比較好。

當你決定要養成某個新習慣時，最後會不會實現，端靠你是否把這個習慣排進行事曆。應該要做的事，優先空出時間，鉅細靡遺寫下行動順序。

當時間到來，看一下自己所寫的內容，然後轉為行動。這樣的連續動作有助於習慣化，你的人生也會往更美好的方向前進。

如果光想著「非做不可」，絕對不會持之以恆。**我們的意志力很容易敗給忙碌、疲憊、想休息的欲望**。正因如此，**為了習慣化要善加利用行事曆和規劃、安排**。

舉例而言，很愛以手機玩遊戲的人，要先擊潰他用來打發時間的道具。收起遊戲App的圖示，在相同頁面放上行事曆App。光是如此就能抑制已成為習慣的玩遊戲行動，打開的行事曆的次數也增加了。

寫下、回顧，自動地反覆進行。

應該要做的事全部逐條列下，盡可能遵守。**當你不再勉強自己時，這是最棒的**。

正因為是習慣，更需要每天寫在行事曆上。我也最珍惜已變成習慣的預定行程。

為什麼？因為我深信，**操控命運的唯一方法，就是讓好習慣持之以恆**。

結語
讓失敗的計畫成為成功的典範

我在前言提到：「安排的厲害之處在於，儘管你認為已經完成了，但還是可以再修改。以更好的狀態為目標持續改善，這樣作業是愉快的，同時還能獲得更大的自由。」

我在書中教大家方法，透過反覆修正自己的安排、規劃能力，擬定更棒的計畫，並身體力行達成目標。

不過就算以完美為目標，還是會有失敗的時候。就算累積再多經驗，一旦計畫失敗，我們還是會相當失落。

但不要失志，因為失敗的計畫也是有其價值。失敗會成為一個紀錄。

進行事前準備，擬定步驟、SOP、安排行事曆、付諸實行，這一連串的紀錄，對你而言是最珍貴的財產。

為什麼我會這麼說？**從失敗中學習的方法裡，最重要的就是保留紀錄**。通常我們很難正確地回憶起過去。因為失敗而消沉，在那之後若無法冷靜面對，自然不會去思考「到底是哪裡做得不好」。

失敗的計畫會成為邁向成功的有用紀錄

如果沒有留下紀錄，在你冷靜之後是無法分析計畫失敗的原因。關於這一點，只要保有進行事前準備、擬定步驟、SOP、安排行事曆、付諸實行等一連串動作的紀錄，就能確認到底是從那個階段開始，往失敗的方向前進？

不光是失敗，該如何修正、走哪條路才能達成目標？回顧這些步驟進行檢討，失敗的計畫將會成為你成功的典範。

追求不會失敗的計畫是沒有終點的。

擬定步驟、身體力行和過程的回饋，反覆進行之後，如果有浪費太多時間的行程、沒有意義的事前準備，那麼就開始改變。

對於任何一個小小的理所當然，也要畫上問號，追求更好的方法。只要你的行動改變，養成新的習慣，就能朝嚮往的人生方向出發。

關於作者
心理戰略師 DaiGo

慶應義塾大學裡工學部務裡情報科學科畢業。

對於人的心理反應很有興趣，於是研究人工智慧記憶材料系的材料科學。率先在日本媒體介紹來自英國唯心主義（掌握人的心態、操作的技術），身為日本唯一的心理戰略師，獲邀出現在許多電視節目中。

之後，擴大個人的活動觸角，成為企業的商業諮詢或協助產品開發、作家、大學教授等。從商業、話術到戀愛、教育小孩等，在廣泛的類型以人類心理為主題的著作，狂賣超過兩百一十萬冊。著有《控制自己的超集中能力》《控制運勢》《超時間術》等。興趣是每天讀十到二十本書、與貓咪玩耍、niconico 頻道、上健身房。

翻轉學 翻轉學系列 013

成功最關鍵的事——管控「不如預期」
日本心理戰略師教你計畫要成功，先把挫折、失敗、偷懶排進行事曆
倒れない計画術：まずは挫折・失敗・サボりを計画せよ！

作　　者　DaiGo
譯　　者　黃文玲
總 編 輯　何玉美
主　　編　林俊安
校　　對　許景理
封面設計　張天薪
內文排版　洸譜創意設計股份有限公司

出版發行　采實文化事業股份有限公司
行銷企畫　陳佩宜・黃于庭・馮羿勳・蔡雨庭
業務發行　張世明・林踏欣・林坤蓉・王貞玉
國際版權　王俐雯・林冠妤
印務採購　曾玉霞
會計行政　王雅蕙・李韶婉
法律顧問　第一國際法律事務所　余淑杏律師
電子信箱　acme@acmebook.com.tw
采實官網　www.acmebook.com.tw
采實臉書　www.facebook.com/acmebook01

I S B N　978-986-507-004-5
定　　價　330 元
初版一刷　2019 年 5 月
劃撥帳號　50148859
劃撥戶名　采實文化事業股份有限公司
104 台北市中山區南京東路二段 95 號 9 樓
電話：(02)2511-9798　傳真：02-2571-3298

國家圖書館出版品預行編目資料

成功最關鍵的事——管控「不如預期」：日本心理戰略師教你計畫要成功，先把挫折、失敗、偷懶排進行事曆 /DaiGo 著；黃文玲譯 . -- 台北市：采實文化，2019.05

-- 256 面；14.8x21 公分 . --（翻轉學系列；13）

譯自：倒れない計画術：まずは挫折・失敗・サボりを計画せよ！

ISBN 978-986-507-004-5（平裝）

1. 成功法　2. 生活指導

177.2　　108004721

廣 告 回 信
台北郵局登記證
台北廣字第03720號
免 貼 郵 票

采實文化 采實文化事業有限公司

104台北市中山區南京東路二段95號9樓

采實文化讀者服務部　收

讀者服務專線：02-2511-9798

倒れない計画術:まずは挫折・失敗・サボりを計画せよ!

成功最關鍵的事 管控不如預期

日本心理戰略師教你計畫要成功，
先把挫折、失敗、偷懶排進行事曆

心理戰略師
DaiGo——著　黃文玲——譯

翻轉學

成功最關鍵的事——管控「不如預期」

讀者資料（本資料只供出版社內部建檔及寄送必要書訊使用）：

1. 姓名：
2. 性別：□男 □女
3. 出生年月日：民國 年 月 日（年齡： 歲）
4. 教育程度：□大學以上 □大學 □專科 □高中（職） □國中 □國小以下（含國小）
5. 聯絡地址：
6. 聯絡電話：
7. 電子郵件信箱：
8. 是否願意收到出版物相關資料：□願意 □不願意

購書資訊：

1. 您在哪裡購買本書？□金石堂（含金石堂網路書店） □誠品 □何嘉仁 □博客來
   □墊腳石 □其他：________________（請寫書店名稱）
2. 購買本書日期是？______年______月______日
3. 您從哪裡得到這本書的相關訊息？□報紙廣告 □雜誌 □電視 □廣播 □親朋好友告知
   □逛書店看到 □別人送的 □網路上看到
4. 什麼原因讓你購買本書？□主題喜歡 □工作需要 □被書名吸引才買的 □封面吸引人
   □內容好，想買回去做做看 □其他：________________（請寫原因）
5. 看過書以後，您覺得本書的內容：□很好 □普通 □差強人意 □應再加強 □不夠充實
   □很差 □令人失望
6. 對這本書的整體包裝設計，您覺得：□都很好 □封面吸引人，但內頁編排有待加強
   □封面不夠吸引人，內頁編排很棒 □封面和內頁編排都有待加強 □封面和內頁編排都很差

寫下您對本書及出版社的建議：

1. 您最喜歡本書的特點：□圖片精美 □實用簡單 □包裝設計 □內容充實
   關於商業書的訊息，您還想知道的有哪些？
   ____
   ____
3. 您對書中所傳達的內容，有沒有不清楚的地方？
   ____
   ____
4. 未來，您還希望我們出版哪一方面的書籍？
   ____
   ____

翻轉學

翻轉學